Arnold Steiner

Bei Dir ist die Quelle des Lebens

Arnold Steiner

Bei Dir ist die Quelle des Lebens

18 Winterthur-Veltheimer Predigten zu Sehnsucht, Leid und Auferstehung

Fromm Verlag

Impressum/Imprint (nur für Deutschland/ only for Germany)
Bibliografische Information der Deutschen Nationalbibliothek: Die Deutsche Nationalbibliothek verzeichnet diese Publikation in der Deutschen Nationalbibliografie; detaillierte bibliografische Daten sind im Internet über http://dnb.d-nb.de abrufbar.
Alle in diesem Buch genannten Marken und Produktnamen unterliegen warenzeichen-, marken- oder patentrechtlichem Schutz bzw. sind Warenzeichen oder eingetragene Warenzeichen der jeweiligen Inhaber. Die Wiedergabe von Marken, Produktnamen, Gebrauchsnamen, Handelsnamen, Warenbezeichnungen u.s.w. in diesem Werk berechtigt auch ohne besondere Kennzeichnung nicht zu der Annahme, dass solche Namen im Sinne der Warenzeichen- und Markenschutzgesetzgebung als frei zu betrachten wären und daher von jedermann benutzt werden dürften.

Coverbild: www.ingimage.com

Contact:
International Book Market Service Ltd., 17 Rue Meldrum, Beau Bassin, 1713-01 Mauritius
Website: www.bookmarketservice.com
Email: info@bookmarketservice.com

Gedruckt in: USA, UK, Deutschland. Dieses Buch wurde nicht in Mauritius produziert.

Imprint (only for USA, GB)
Bibliographic information published by the Deutsche Nationalbibliothek: The Deutsche Nationalbibliothek lists this publication in the Deutsche Nationalbibliografie; detailed bibliographic data are available in the Internet at http://dnb.d-nb.de.
Any brand names and product names mentioned in this book are subject to trademark, brand or patent protection and are trademarks or registered trademarks of their respective holders. The use of brand names, product names, common names, trade names, product descriptions etc. even without a particular marking in this works is in no way to be construed to mean that such names may be regarded as unrestricted in respect of trademark and brand protection legislation and could thus be used by anyone.

Cover image: www.ingimage.com

Contact:
International Book Market Service Ltd., 17 Rue Meldrum, Beau Bassin, 1713-01 Mauritius
Website: www.bookmarketservice.com
Email: info@bookmarketservice.com

Printed in: U.S.A., U.K., Germany. This book was not produced in Mauritius.

ISBN: 978-3-8416-0223-7

Inhaltsverzeichnis

Bibelübersetzung

Die Bibelzitate sind der Zürcher Bibel von 1942 resp. 2007 entnommen.

Gesangbuch

RG: Gesangbuch der Evangelisch-reformierten Kirchen der deutschsprachigen Schweiz 1998

Verzeichnis der Predigttexte

BEI DIR, HERR, IST DIE QUELLE DES LEBENS.

Inschrift in der Winterthur-Veltheimer Kirche

Die Predigt wird zu einem besonders dichten Erlebnis, wenn bei der Hörerin, beim Hörer etwas Inneres ins Schwingen kommt: sei es eine brennende Frage oder ein Sehnen, sei es eine alte Erinnerung oder ein besonderes Naturerlebnis, sei es ein schweres, vielleicht verborgenes Leid...

Durch eine solche Berührung kann eine lebhafte Auseinandersetzung mit dem eigenen Leben und der heutigen Wirklichkeit angeregt werden. Dank der spirituellen Kraft, die in den biblischen Texten, den Kirchenliedern und verschiedenen Geschichten enthalten ist, wird eine Bewegung entstehen, die Vertrauen, Zuversicht und Liebe fördert.

Ich danke all denen, die mich zur Herausgabe dieses Buches ermutigt und mir dabei geholfen haben.

Ich wünsche allen Leserinnen und Lesern Gottes Segen!

Winterthur-Veltheim, 2011

Flurina
und das wundersam Verlangen,
das Licht der Sonne einzufangen

Matthäus 5, 13 - 16

Das Stichwort „Licht" verbindet die beiden Texte, die wir gehört haben. Im Alten Testament bei Jesaja 2, 1 - 5 hiess es: „Auf, lasst uns wandeln im Lichte des Herrn." Im Evangelium nach Matthäus 5, 13 – 16 hörten wir Jesus sagen: „Ihr seid das Licht der Welt." Bei der Taufe wurden wir zudem aufmerksam auf das Licht der Osterkerze.

Licht: Was ist das? Was ist das Geheimnis des Lichtes? Mit dieser Frage im Herzen spazierte ich durch den Wald. Da sah ich das Spiel von Licht und Schatten auf dem Kiesweg. Da sah ich das Licht durch die grünen Blätter fallen. Da fiel mir ein Baumstamm auf: dunkel, schlank strebte er in die Höhe: dem Licht entgegen!

In den Gärten der Stadt sah ich das Geheimnis des Lichtes wieder in den Sonnenblumen. Sie entfalten ihre breiten Blätter und empfangen das Sonnenlicht. In der Mitte schiesst der Stiel senkrecht empor. Oben, hin zum Himmel, öffnet sich die Blüte und reckt sich nach dem Stand der Sonne.

Was Licht ist, kann ich nicht erklären. Aber am Beispiel der Sonnenblume können wir erahnen: Es gibt ein inneres Streben nach dem Sonnenlicht, eine Sehnsucht, ein Verlangen nach Helligkeit. Das liegt in der Natur. In ihrem Wachsen und Verwelken. Das Streben nach dem Licht gehört zum Leben.

Was wir an den Sonnenblumen erkennen, entspricht dem, was wir Menschen im Inneren spüren können. Sehnt sich nicht auch unser Herz nach Licht? Strebt es nicht zu einem Licht? Mir scheint, unser Herz lebt davon, dass es Licht empfangen kann. Wir nennen es das Licht Gottes. Wir nennen es Christus, das Licht, das in die Welt gekommen ist. In einem Lied wird es „Sonne der Gerechtigkeit" genannt.

Bei allen Wendungen bleibt das Licht ein Begriff, der eine innere Erfahrung beschreibt. Nur der kann verstehen, um was es geht, der die Sehnsucht im Inneren gespürt hat. Nur der, der vielleicht einmal erfahren hat, wie sich sein Herz öffnete und mit Helligkeit erfüllt wurde.

Es handelt sich aber nicht eine um esoterische Erfahrung, die nur wenigen Erleuchteten zugänglich wäre. Vielmehr ist es eine allgemeine menschliche Erfahrung, die Mann oder Frau, alt oder jung machen können.

Ein sehr schönes Beispiel für diese menschliche Erfahrung ist Flurina.[1] Ich denke, dass viele von Ihnen das Kinderbuch „Flurina und das Wildvöglein" kennen. Selina Chönz den Text geschrieben, Alois Carigiet hat die Bilder gemalt. Flurina ist zwar etwas weniger bekannt als ihr älterer Bruder, der Schellen-Ursli, aber die Geschichte von Flurina ist

[1] Flurina und das Wildvöglein, Alois Carigiet, Selina Chönz, Orell Füssli, 1971

mindestens so kostbar. Sie erzählt von einer Seele, die sich nach Licht sehnt.

Im Folgenden möchte ich versuchen, diese Geschichte geistlich auszulegen.

Zum Sommeranfang ziehen die Bergbauern auf das Maiensäss. Flurina, das Mädchen, geht die Geissen hüten. Und da heisst es im Buch:

> „Die Blumen blühn, die Käfer fliegen,
> es glöckeln leise die drei Ziegen.
> Flurina sitzt auf einem Stein
> und träumt im hellen Sonnenschein.
> Sie hat ein wundersam Verlangen,
> das Licht der Sonne einzufangen...
> Doch in der Blumen zart Gebind,
> verfängt sich nur der Gletscherwind."

Auf dem Bild daneben sieht man das Mädchen, wie es seine Arme der Sonne entgegenstreckt und ihr eine Blumenkette hinhält.

In den Blüten erkenne ich zwar etwas vom Geheimnis des Lichtes. In der Finsternis sind die Blüten grau, aber wenn die Sonne darauf scheint, so leuchten sie in ihrer Farbenpracht. Nun aber sagt die Dichterin: „In der Blumen zart Gebind, verfängt sich nur der Gletscherwind." Offenbar geht es in der Geschichte um etwas anderes.

Flurina hat ein wundersam Verlangen, das Licht der Sonne einzufangen. Was ist damit gemeint?

Liebe Gemeinde, dieses Verlangen ist es, was ich mit dem Sehnen der Seele nach Licht meine.

Sie hat ein wundersam Verlangen, das Licht der Sonne einzufangen. – Sie ist selbst die Blume, die das Licht des Himmels einfangen möchte. Wie kann ihr das gelingen? Davon erzählt das Folgende.

Während Flurina so im Sonnenlicht träumt, wird sie von einem bösen Lärm geweckt. Ein Fuchs packt ganz in der Nähe ein Birkhuhn. Flurina hört es und erschrickt, doch schon schleift der Fuchs seine Beute in die Höhle. Das kleine Küken bleibt ohne seine Mutter allein zurück.

> „Flurina schaut umher entsetzt.
> Da fliegt, zum Glück noch unverletzt,
> ein Vöglein wunderfein gestreift,
> in ihre Hände federleicht.
> Das piepst ganz scheu und schmiegt sich warm
> geborgen in Flurinas Arm."

Auf dem Bild fallen die weit ausgestreckten Arme von Flurina auf. Die Arme, die sie vorhin der Sonne entgegenstreckte, sie empfangen nun das kleine Küken.

Was ist die symbolische Bedeutung davon? – Achten wir zuerst darauf, wie die Geschichte weitergeht:

Dieses arme Küken weckte die zarten Gefühle im Herzen des Mädches. Flurina fängt an, für das Tierchen zu sorgen, als ob es ihr Kindlein wäre.

Sie schenkt ihm Geborgenheit, gibt ihm zu essen. Sie muss es gegen die bösen Hühner verteidigen. In einer Nacht muss sie es vom Baum herunterholen, damit es nicht von bösen Tieren gefressen wird.

Dadurch entwickelt sich Flurina. Ihre Persönlichkeit bildet sich aus. Sie wird zu einer sorgfältigen und verantwortungsbewussten jungen Frau.

In Bezug auf die Seele ist es wichtig, dass „ihr wundersam Verlangen, das Licht der Sonne einzufangen“ einen Menschen nicht weltfremd macht. Wenn das Verlangen nach dem Himmel zu stark ist, so kann ein Mensch abheben und den Kontakt mit dem Boden verlieren. Das kann zu einer krankhaften Sehnsucht führen.

Die Zuwendung zu dem armen Wesen hilft einer Seele, am Boden zu bleiben. Zudem ist diese Zuwendung der erste Schritt der Erfüllung ihres tiefen Wunsches: In der Beziehung zum Tierchen empfängt Flurina Wärme und findet Zufriedenheit. Ist es nicht das, was sie sonst vom Sonnenlicht erwartet?

Unsere Seele, die das Licht des Himmels einfangen möchte, soll sich zuerst um den Mitmenschen kümmern. Um einen Kranken, einen Einsamen, einen Verzweifelten, je nachdem, wer uns gerade der Nächste ist.

So wie Flurina für das Küken sorgt, so müssen wir vielleicht für Waisenkinder sorgen, oder sonst für Kinder, die an Leib und Seele verwundet sind.

Oft geht es auch darum, für die eigenen Kinder zu sorgen, denn diese sind uns ja als Erste anvertraut.

Indem wir uns konkret den Menschen widmen, kann sich unsere Sehnsucht nach dem Himmel erfüllen.

So sagte es ja Jesus: „Wenn ihr einem armen und Notleidenden Menschen helft, so helft ihr mir.“ Das heisst, wenn wir uns voll Mitleid um ein armes Wesen kümmern, so erfüllt sich unsere Sehnsucht nach dem himmlischen Glanz.

Wenigstens vorläufig! Denn als das Birkhuhnküken gross wurde, da wollte es natürlich in die Freiheit entlassen werden. Flurina musste es schliesslich loslassen. Loslassen, was man liebt. Loslassen, wofür man gelebt hat. Loslassen, was die Sehnsucht des Herzens gestillt hatte…

Auf dem Bild im Buch ist Ursli dargestellt, der das Wildvöglein in die Freiheit entlässt, während Flurina daneben steht, ihre Schürze vor die Augen hält und schluchzend viele Tränen vergiesst.

> „So trägt Flurina voll Erbarmen
> ihr wildes Vöglein in den Armen
> hinauf zum Felsen, voller Qual,
> und streichelt es zum letzten Mal.
> Wie liebt sie doch dies kleine Leben,
> drum soll ihm Ursli Freiheit geben.
> Hier fliegt es in den Himmel steil,
> als wär's ein losgelassner Pfeil!
> Und bald schon sehn sie's nirgends mehr;

den Kindern wird der Abschied schwer."

Flurina erlebt den Schmerz der Mütter, die ihre grossen Kinder loslassen müssen. Aber auch den Schmerz derer, die Liebgewordenes verlieren. Was geschieht dabei in ihrer Seele, die sich nach dem Licht sehnt?

Zunächst wird es dunkel. Das Verlangen nach Licht aber bleibt. Flurina macht sich auf die Suche. Sie steigt in die Höhen, wo nur noch Fels und Eis ist. Sie sucht und sucht. Doch was sucht sie denn? Sucht sie das Verlorene? Glaubt sie wirklich, dass sie es wiederbekommen könne? Oder wünscht sie sich vielleicht, wieder ein kleines Birkenhuhnküken zu finden? Dann könnte sie sich wieder darum kümmern und die schöne Erfahrung noch einmal machen. Oder sucht ihre Seele etwas Anderes? Etwas Grösseres, Höheres vielleicht?

Da schaut Flurina in die Höhe. Sie sieht in der Felswand ein Tor. Dort könnte es sein, blitzt es auf in ihrem Kopf. Und hören Sie nun genau auf den Wortlaut:

„Sie macht sich auf und stapft bergan, zum dunklen Felsentor hinan.
Und kletternd hier von Band zu Band, gelangt sie an der Höhle Rand."

Flurina geht also zu einer dunklen Höhle.

„Sie schaut hinein. Was ist denn das?
Ein Stein aus silberhellem Glas?
Es ist voll Türmchen und voll Spitzen,
die grad wie Edelsteine blitzen.
Sie greift danach und löst zum Glück

aus Erd und Kies das strahlend Stück.
Das Licht der Sonn' ist drin gefangen
und tausend Regenbogen prangen!"

Nun hat sie gefunden, wonach sie sich ursprünglich gesehnt hatte.

In den Blumen konnte sie das Licht der Sonne nicht einfangen, aber da, in dem Bergkristall, da ist es drin!

Was bedeutet das im übertragenen Sinn? Die dunkle Höhle – das ist die Tiefe der eigenen Seele. Da schaut sie hinein: Sie schaut in sich hinein – versenkt sich in die Tiefe ihres Selbst!

Da drin spiegelt sich das Licht. - Weil dieses Licht in uns scheint, können wir zum Licht für die Welt werden. Darum können wir - und ich meine nun Sie alle – in dieser Welt Wärme, Klarheit, Freude und Lebenskraft ausstrahlen.

Ihr seid das Licht der Welt. - Das kann niemandem verborgen bleiben. - Werdet euch dessen bewusst! - Lasst es leuchten! - Ihr seid das Licht der Welt.

Im ersten Teil der Geschichte von Flurina wird die Hinwendung zum Mitmenschen erzählt. Im zweiten Teil wird von der Wendung nach innen berichtet. Dazu gehört die Erfahrung von Schmerz und Verzweiflung. Das Loslassen des Äusseren ist oft schwer. Doch auf diesem Weg findet die Seele das, was das Herz zufrieden macht: das innere Licht, in dem sich das Licht des Kosmos spiegelt, das Licht vom All. Ganz am Schluss dieser schönen Geschichte heisst es:

„Flurina hebt empor den Stein
und lacht in seinen Glanz hinein,
und in dem schönen Bergkristall
tanzt bunt und blau das ganze All!“

Liebe Gemeinde, unsere Seele sehnt sich nach Licht. Vielleicht denken Sie wieder daran, wenn Sie in diesem Sommer einen Ausflug machen, einen Berg besteigen, einen Sonnenuntergang geniessen.

Vielleicht halten Sie dabei einmal inne, schliessen die Augen, schauen in die Höhle Ihres Herzens, bis Sie *Ihren* Kristall leuchten sehen.

Amen.

17. Juli 2005

Diese Sehnsucht ist schon Glaube.

(Frère Roger)

Johannes 14, 23 - 26

Pfingsten

Der heilige Geist ist die Gabe, dass wir mit Gott Gemeinschaft haben können. Diese Gemeinschaft, die Erkenntnis und Liebe mit einschliesst, erleben nicht alle Menschen gleich.

So fragte einmal ein Jünger Jesus: „Wie kommt es, dass wir Jünger Gemeinschaft mit dir haben, auch wenn du von uns gegangen bist, dass aber andere dich nicht erkennen können?“

Da antwortete Jesus mit diesen etwas geheimnisvollen Worten:

> „Jesus entgegnete ihm: Wer mich liebt, wird mein Wort bewahren, und mein Vater wird ihn lieben, und wir werden zu ihm kommen und uns bei ihm eine Bleibe schaffen. Wer mich nicht liebt, bewahrt meine Worte nicht. Und das Wort, das ihr hört, ist nicht meines, sondern das des Vaters, der mich gesandt hat.
>
> Das habe ich euch gesagt, als meine Bleibe noch bei euch war. Der Fürsprecher aber, der heilige Geist, den der Vater in meinem

Namen senden wird, er wird euch alles lehren und euch an alles erinnern, was ich euch gesagt habe." (Johannes 14,23-26)

Was es bedeutet, dass Gott durch sein Wort im Menschen Wohnung nimmt, kann man vielleicht besonders gut in Taizé erfahren.

Sie kennen gewiss einige Taizé-Lieder. „Laudate omnes gentes" oder „Ubi caritas et amor" oder „Meine Hoffnung und meine Freude", um nur einige zu nennen, die in unser neues Kirchgesangbuch aufgenommen worden sind.

Die Taizé-Lieder sind kurze Bibelworte, die mit einer einfühlsamen Melodie versehen sind. Man wiederholt sie oft und oft, bis das Wort vom Kopf ins Herz hinabsinkt und da Raum einnimmt und etwas ins Schwingen bringt.

Dabei geschieht genau das, was Christus sagt: Die Worte Gottes halten, bis sie Raum einnehmen in unseren Herzen. Dadurch nimmt Gott Wohnung in einem Menschen. Dadurch werden wir Gott erkennen und lieben. Wir werden Gemeinschaft haben mit Gott und daraus Licht und Freude, Lebensmut und Kreativität empfangen.

Frère Roger, der Gründer von Taizé, hat diesen Weg zur Gemeinschaft mit Gott im letzten Jahrhundert neu entdeckt. Von ihm möchte ich Ihnen erzählen. Daran können wir ablesen, wie der Heilige Geist im Menschen wirkt.

Frère Roger, Bruder Roger, war nicht immer so gläubig gewesen, obwohl er der Sohn eines Pfarrers war. Er sagt von seiner

Gymnasialzeit: „Einige Jahre war ich ein Nichtglaubender. Trotzdem, ohne selbst glauben zu können, war ich immer mit Achtung erfüllt vor jenen, die glauben konnten – genau wie die jungen Menschen, die ich heute sehe.“[2]

Frère Roger präzisiert, was er damit meint, dass er nicht glauben konnte: „Ich zweifelte nicht an der Existenz Gottes, sondern daran, dass es möglich sei, Gemeinschaft mit ihm zu haben. Es war, als sei ich nicht mehr in der Lage zu beten.“ Er meinte, dass gläubige Menschen eine Art Eingebung bekommen haben müssten, die er selbst nicht hatte. Er dachte, dass es zwar eine unsichtbare Welt gebe, dass er aber keinen Zugang dazu habe, dass sie ihm verschlossen sei.

Damit berührt er wohl die Gedanken von vielen Menschen auch heute, ausserhalb und innerhalb der Kirche. Dass es eine höhere Macht gibt, das glauben viele. Aber dass man mit dieser Macht sprechen kann, das glauben schon weniger Menschen. Dass man diese Macht spüren und erfahren kann, scheint vielen Leuten unmöglich. Dass sie hilft, das Leben gut zu gestalten, dass sie Wunden heilt und Hoffnung gibt, ist wohl nur wenigen Menschen vertraut.

Uns selbst können wir fragen: Wo und wann war Gott für uns etwas Fernes und Fremdes? Etwas, was es vielleicht gibt, zu dem wir aber keine Beziehung haben?

Und, auf der anderen Seite: Wo oder wann hatte ich eine Beziehung zu Gott? Wann habe ich Gemeinschaft mit dem Gott, der die Liebe ist, erfahren? Früher einmal? Oder noch heute?

---

[2] Zitate aus: Christian Feldmann, Frère Roger, Taizé, Gelebtes Vertrauen, 2006, S. 14ff

Kehren wir zu Frère Roger zurück: Wie fand er zur Gemeinschaft mit Gott zurück, die ihm später eine so starke Ausstrahlung verlieh?

Als Jugendlicher wurde Roger schwer krank. Er litt an einer Lungentuberkulose. Zu jener Zeit, um 1930 herum, war dies lebensgefährlich. Viele junge Menschen starben daran. Auch Roger schwebte lange Zeit in Gefahr. Es gab Zeiten der Besserung und dann folgte ein schwerer Rückfall, sodass Roger an der Schwelle des Todes stand. In einer solchen Zeit wurde ihm eine erschütternde Erkenntnis zuteil. Ich lasse ihn selbst zu Wort kommen: „Wer in seiner Jugend das Näherkommen des Todes erfahren hat, erahnt es: Mehr als der Körper hat zuerst das Innere des Menschen Heilung nötig."

Die Heilung von Roger zog sich lange hin. Er verbrachte gezwungenermassen eine lange Zeit der Einsamkeit. Er las viel, studierte und machte ausgedehnte, langsame Spaziergänge. Er erzählt von dieser Zeit aber so: „Es war und bleibt eine schöne Zeit. Es waren die Jahre, wo ich mich bewusst aufbauen konnte innerlich. Ich begann zu begreifen, dass ein Gott der Liebe und des Mitgefühls nicht die Ursache des Leidens sein kann. Ich entdeckte weiter, dass es weder die grossartigen Begabungen noch die grossen menschlichen Fähigkeiten sind, die uns schöpferisch werden lassen in Gott. Und, auch aus Prüfungen kann ein grosser Lebensmut entstehen. Die Krankheit hat die Zukunft vorbereitet. Die göttliche Berufung war wie gebunden an eine leidvolle Prüfung, obwohl ich nicht verstehen kann, wie."

Als Roger wieder zu Kräften gekommen war, musste er einen Beruf wählen. Dabei liess er sich durch äussere Umstände und durch innere

Regungen leiten. Schliesslich begann er, Theologie zu studieren, obwohl ihn das Fach an sich nicht so sehr interessierte. Er zweifelte daran, ob seine Wahl gut begründet war.

Da wurde seine Lieblingsschwester Lily krank. In der Not versuchte Roger wieder einmal zu beten, was er bis dahin offenbar nicht mehr getan hatte. Er sagt: „Wir erwarteten ihr Ende, ihren Tod. Das einzige Gebet, das ich verstehen konnte, war dieses Psalmwort: „Mein Herz erinnert sich, dass du gesagt hast: „Sucht mein Angesicht!“ Dein Angesicht, Herr, will ich suchen.“ (Psalm 27, 8) Mir schien, dass ich ehrlich war mit Gott, als ich diese Worte betete. Mein Herz bewegte mich dazu, so zu sprechen. Ich verstand, dass ich hinknien und dieses Gebet aussprechen konnte.“

Die Schwester Lily wurde wieder gesund. Für Roger war dies wie eine Antwort Gottes auf sein Gebet.

In dieser Zeit begriff Roger plötzlich, dass die Sehnsucht schon Glauben bedeutet. Später zitierte er im Gespräch mit jungen Menschen gern Augustinus, der sagte: „Wenn dich danach verlangt, Gott zu schauen, so hast du bereits den Glauben.“

Roger, der bis dahin gedacht hatte: „Es gibt einen Gott, aber ich kann ihn nicht erkennen und keine Gemeinschaft mit ihm haben“, bekam nun die Gewissheit des Glaubens. Dabei half ihm ein alter Text aus der Reformationszeit: „Es ist Christus, der es uns erlaubt, Gott zu erkennen und Gemeinschaft mit ihm zu haben. Christus verstehen lässt einen Gott entdecken.“ Damals begriff Roger, dass es Christus war, durch den seine Angehörigen und Freunde, auf deren Glauben er sich bis dahin gestützt hatte, das Unsichtbare erahnten.

Für Frère Roger war später klar, dass man niemals alles vom Glauben verstehen könne. Das wäre eine Illusion. „Das Wesentliche ist, dass wir versuchen, die Umrisse des Geheimnisses zu sehen und das Wenige, was uns vom Evangelium zugänglich ist, zu leben." Bei diesem Forschen ist die Kirche, diese einzigartige Gemeinschaft im Leib des auferstandenen Christus, uns Stütze und Stab.

So wurde Frère Roger von einem Nichtglaubenden zu einem Glaubenden; von einem, für den Gott ein Unbekannter gewesen war, zu einem, der einen freundschaftlichen Umgang mit Gott pflegte und daraus Lebensmut, Kreativität und Liebe schöpfte.

Zum Abschluss der Erfahrung von Frère Roger möchte ich ein Gebet vorlesen, das wie eine Zusammenfassung klingt:

> „Jesus,
> Freude unserer Herzen,
> du giesst deinen Heiligen Geist
> aus in uns.
> Er entfacht tief im Inneren
> neues Vertrauen.
> Durch ihn begreifen wir,
> dass allein die Sehnsucht nach Gott
> unsere Seele wieder aufleben lässt."[3]

---

[3] Frère Roger, Die Quellen von Taizé, 40

Liebe Gemeinde, Frère Roger nennt hier die Sehnsucht nach Gott als ganz wesentliches Moment, das uns aufleben lässt. Diese Sehnsucht kann uns heutigen Menschen helfen, das Leben zu suchen und Gemeinschaft mit Gott, dem Grund des Lebens, zu finden.

Diese Sehnsucht nach Gott liegt in uns allen. Ich glaube, sie liegt in jedem Herzen verborgen, manchmal verkrümmt, manchmal verletzt oder verschüttet, aber sie ist da und möchte nichts anderes, als wie eine frische Quelle reinen Wassers sprudeln.

Oft hat diese Sehnsucht die Gestalt eines Verlangens nach etwas Weltlichem. Kennen Sie die Sehnsucht nach Liebe und Geborgenheit bei Menschen? Kennen Sie die Sehnsucht nach einer paradiesischen Insel oder nach einem erhabenen Berggipfel? Kennen Sie die starke Sehnsucht nach Ruhe und Frieden? – Möglicherweise äussert sich genau darin Ihre Sehnsucht nach Gott...

Diese Sehnsucht ist schon Glaube. Lassen wir also diese Sehnsucht zu! Spüren wir ihrer Kraft nach und lassen die Leidenschaft ans Licht kommen. Lassen wir uns bewegen und anregen – manchmal auch aufregen! In dieser Leidenschaft liegt die Kraft des Glaubens. Legen wir sie frei und wagen den Schritt ins Ungewisse. Es ist der Schritt des Glaubens.

Dabei – und das sage ich aus eigener Erfahrung – müssen wir darauf achten, dass wir die Sehnsucht vom Vergänglichen lösen und auf Gott selbst ausrichten. Manchmal muss man die Worte von Gerhard Tersteegen wirklich ernst nehmen:

„Ich fühl's, du bist's, dich muss ich haben;
ich fühl's ich muss für dich nur sein;
nicht im Geschöpf, nicht in den Gaben,
mein Plätzchen ist *in dir allein*.
Hier ist die Ruh', hier ist Vergnügen,
drum folg ich deinen sel'gen Zügen."
(RG 662, 3)

Etwas einfacher sagt man es in Taizé:

„Auferstandener Jesus,
du siehst, wie verloren ich manchmal bin,
wie ein Fremder auf Erden.
Aber in meiner Seele brennt ein Durst,
die Erwartung deiner Gegenwart.
Und unser Herz bleibt unruhig,
bis es in dir, Christus, alles ablegt,
was es fernhält von dir."[4]

Was uns fernhält von Christus sind oft diese vorläufigen Ziele, an die sich unsere Sehnsucht klammert. Diese gilt es abzulegen. Dann werden wir frei. Dann wird unser Durst uns zur Erfüllung leiten.

Was diese Erfüllung meint, das ist mit Worten schwer auszusagen. Bilder sagen es besser: blühende Rosen, Bäume voller Frucht, Morgenlicht und Abendrot... Eine zärtliche Berührung – Dichter können es besser sagen.

---

[4] Taizé, Auf deine Liebe vertraue ich, 2007, S. 29

Ein Lied, das die Sehnsucht zum Ausdruck bringt, die Sehnsucht des Herzens nach Linderung, heisst „Frühlingsglaube“, gedichtet von Ludwig Uhland und vertont von Franz Schubert. Vielleicht darf man in den ‚linden Lüften’ ein Gleichnisbild für das Wehen des Heiligen Geistes sehen. Vielleicht ist das Blühen in der schönen Welt eine Vorahnung der Erfüllung in Gott, nach der sich unser Herz so sehnt.

Ludwig Uhland: Frühlingsglaube

Die linden Lüfte sind erwacht,
Sie säuseln und weben Tag und Nacht,
Sie schaffen an allen Enden.
O frischer Duft, o neuer Klang!
Nun, armes Herze, sei nicht bang!
Nun muß sich alles, alles wenden.

Die Welt wird schöner mit jedem Tag,
Man weiß nicht, was noch werden mag,
Das Blühen will nicht enden.
Es blüht das fernste, tiefste Tal:
Nun, armes Herz, vergiß der Qual!
Nun muß sich alles, alles wenden.

Amen.

27. Mai 2007

Die Liebe, die mich persönlich meint

Jesaja 43,1-5a

„Fürchte dich nicht, denn ich habe dich erlöst,
ich habe dich bei deinem Namen gerufen,
du gehörst zu mir." (Jesaja 43,1)

Diese Worte können Menschen in kritischen Lebenssituationen sehr helfen. Sie umfassen das ganze Leben, von der Geburt bis zum Tod.

„Ich habe dich bei deinem Namen gerufen": Gott ruft einen Menschen ins Dasein. Das können wir auf die Entstehung beziehen. „Fürchte dich nicht, denn ich habe dich erlöst." Dabei kann man an die letzte Stunde des Lebens denken. Auch wenn man alles verlassen muss, so darf man gewiss sein: Gott nimmt uns in seiner grossen Liebe auf.

So steht über dem ganzen Lebensbogen, vom Anfang bis zum Ende, dieses grosse und doch so zärtlich gesprochene: Du gehörst zu mir.

Ein Wort der Erklärung zu diesem Ausdruck: „Du gehörst zu mir." Vielleicht haben Sie noch die alte Übersetzung im Ohr: „Mein bist du." „Du gehörst zu mir" entspricht uns heute eher, denn wir wollen unsere Identität nicht darin finden, dass wir jemandem gehören. Wir wollen wir selber sein und uns aus freiem Entschluss mit jemandem verbinden. - Auf der anderen Seite erinnere ich mich an dieses schöne, kurze Liebesgedicht aus alten Zeiten: „Ich bin dein und du bist mein". „Ich bin diin und du bisch miin.“ Kann man besser sagen, was Liebe ist? – „Du bist mein“, ist ein Ausdruck der Liebe Gottes zum Menschen. - Wie auch immer man den Bibelvers übersetzt, wichtig ist, dass man dabei den zärtlichen und unverbrüchlichen Zuspruch der Liebe heraushört.

Darf man diese Worte des Jesaja auf sich selbst beziehen? Ursprünglich sind sie an das Volk Israel gerichtet. Jakob und Israel sind ja die beiden Namen des Mannes, der zwölf Söhne hatte und von dem die zwölf Stämme Israels abstammen. Ursprünglich sprach der Prophet Jesaja zur Gemeinschaft des Volkes Israel.

Seit Jesus dürfen wir dieses Wort aber auf alle beziehen, die in seinem Namen getauft sind. Durch die Taufe werden auch die Menschen aus den anderen Völkern in die grosse Gemeinschaft derer, die Gott aus Liebe erwählt hat, aufgenommen. Das ist der Sinn des Taufbefehls: „Geht hin und macht zu Jüngern alle Völker. Tauft sie im Namen des Vaters, des Sohnes und des Heiligen Geistes.“ (Matthäus 28, 19)

Die Taufe ist das Zeichen, dass wir die Zusage der Erlösung und der bedingungslosen Annahme auch auf uns selbst beziehen dürfen. Diese Zusage müssen wir uns als Erwachsene und ältere Menschen immer wieder neu zu Gemüte führen. Dann kann die Taufe ihre wunderbare Kraft entwickeln, ihre heilsame Wirkung entfalten.

Um diese Worte neu hören zu können, ist es hilfreich, sie mit einer lebhaften Vorstellung zu verbinden. „Ich habe dich erlöst.“ Erlösen hat mit Erlös zu tun und meint freikaufen. Wenn man für eine Geisel ein Lösegeld bezahlt, so erlöst man sie im wörtlichen Sinn.

Sind wir denn wie eine Geisel in der Gewalt von bösen Mächten? - Es ist die Kunst der Verführung, dass uns die Mächte, die uns vom guten Gott trennen wollen, nicht als böse erscheinen. Wir sehen jedoch an ihrer Wirkung, dass sie es letztlich nicht gut mit uns meinen.

Beim Wort erlösen kann man sich vorstellen, dass man durch unglückliche Umstände in Gefangenschaft und Sklaverei geriet. Nun erscheint ein Angehöriger, der bereit ist, das Lösegeld zu bezahlen oder sonst etwas sehr Wertvolles für mich hinzugeben. Er tut es, weil ich zu ihm gehöre und weil er mich liebt. So bekommt er mich frei, und ich kann wieder in meine Heimat zurückkehren.

Diese alttestamentliche Vorstellungswelt ist uns vielleicht etwas fremd. Es zeichnet sich darin aber etwas ab, was uns nahe ist: Echte Liebe fordert Einsatz.

Kürzlich hörte ich folgende Geschichte: In den Vierzigerjahren lernte ein junger Arbeiter aus Winterthur eine sympathische Frau kennen und verliebte sich in sie. Sie arbeitete aber in einem Kinderheim im Appenzellerland und er hatte kein Geld für das Bahnbillet. Da fuhr er jeweils am Sonntag mit dem Velo dorthin, um seine Geliebte zu besuchen. Die Frau freute sich sehr und war beeindruckt vom Einsatz, den ihr Freund brachte, nur um sie zu treffen. – In dieser Zeit wurde der Grund gelegt für eine lange und glückliche Ehe.

Ein anderes Beispiel kommt mir in den Sinn, das mir im Elsass erzählt wurde: In einer Bombennacht flüchteten die Leute in einen Luftschutzkeller. Da war auch ein kleines Mädchen, das heftig weinte. „Was hast du denn? Beruhige dich doch!“, versuchten die Leute es zu beschwichtigen. „Mein Kätzchen“, heulte das Mädchen, „ich habe Angst um mein Kätzchen“, schrie es nur noch jämmerlicher. – Da ging ein grobschlächtiger Barkeeper, der in einem Nachtlokal arbeitete, hinaus, obwohl jederzeit wieder Bomben fallen konnten. Nach etwa zwanzig Minuten kam er zurück, das Kätzchen in der Hand, und legte es dem Kind in die Arme. Da beruhigte sich das Mädchen und im ganzen Raum entstand eine rührende Stille.

So ist Gottes Liebe. Wenn es jemandem schlecht geht, so begnügt sie sich nicht mit guten Worten, sondern riskiert das Leben, um wirklich Trost zu bringen. Diese Liebe sehen wir bei Jesus. Er gab alles, um den Menschen zu helfen, ja er gab sein Leben hin, um sie zu erlösen. Eine solche Liebe gilt auch uns.

Wenn wir sie entdecken und annehmen wollen, sollten wir behutsam vorgehen, denn sie ist sehr gross. Behutsam, damit sie uns nicht ganz überwältigt.

Ein guter Weg, die persönliche Liebe Gottes zu uns wahrzunehmen, ist, auf sein Leben zurückzublicken und sich zu fragen: Wo habe ich etwas von dieser Liebe erfahren? Von dieser Liebe, die mich persönlich meint?

Manchmal gibt es Momente der Führung auf dem Lebensweg. Vielleicht erkennst du einen Moment, wo du durch eine glückliche Fügung eine Arbeitsstelle bekommen hast. Oder wo eine „zufällige“ Begegnung zu einer wichtigen Entscheidung führte. Oder wo du glücklich einer grossen Gefahr entronnen bist? – Ahnst du etwas von jener Vorsehung, die es gut mit dir meint?

Mit Paul Gerhardt haben wir vorhin dieses Wesen, das Interesse an uns hat, so besungen: „Ist doch nichts als lauter Lieben, das sein treues Herz bewegt.“ (RG 725,1) – Je mehr du dich an solche Momente erinnerst, desto mehr wird deine Beziehung zu diesem Wesen, das Liebe ist, wachsen.

Ein anderer Weg, die Liebe Gottes im eigenen Leben zu entdecken, ist der dankbare Blick auf die Schöpfung; auf die Früchte, die in der Natur wachsen und die unseren Hunger stillen; auf die Luft, die uns atmen lässt; auf das Licht, dank dem wir sehen können. – Wir finden hier in der Schöpfung, was unseren Leib und unsere Seele ernährt. Können wir darin Gottes gütige Liebe erkennen, die uns am Leben erhalten will?

Paul Gerhardt dichtete es so:

> „Himmel, Erd und ihre Heere hat er mir zum Dienst bestellt.
> Wo ich nur mein Aug' hinkehre, find ich, was mich nährt und hält:
> Tier und Kräuter und Getreide; in den Gründen, in der Höh',
> in den Büschen, in der See, überall ist meine Weide.“ (RG 725,6)

Glücklich, wer eine solche gläubige Dankbarkeit empfinden kann!

Es gibt viele Wege, um jene Liebe zu erkennen, die uns hebt und trägt. Im Blick auf das Bibelwort: „Ich habe dich bei deinem Namen gerufen. Du gehörst zu mir“, muss ich Ihnen von einem Mann erzählen, der das real erlebt hat. Er hat es mir selbst erzählt, als ich noch jung war. Er hiess Jacques-Henry. Er war ein uneheliches Kind und wuchs zuerst bei einer Pflegefamilie auf. Durch unglückliche Umstände wurde er zum Strassenjungen, bis er als Verdingbub einen Platz bei einem Bauern fand. Als Jugendlicher wurde ihm bewusst, wie ungerecht er von diesem behandelt wurde. Da begann er, einen unterdrückten Ärger in seinem Herzen zu nähren und böse Absichten zu hegen. Zum Glück kam er in Kontakt mit jungen Menschen, die eine Hoffnung trugen. Einer von ihnen konfrontierte Jacques-Henry mit seiner Lebenssituation und riet ihm: „Übernimm die Verantwortung für dein Leben und höre auf dein Gewissen, so wirst du einen Ausweg aus deiner Klemme finden."

Das beeindruckte Jacques-Henry und er ging an einem Sonntagnachmittag alleine hinaus und setzte sich am Waldrand auf einen Baumstrunk. Von da konnte er sehen, falls jemand käme, und unauffällig weggehen. Was hätten die Leute wohl gedacht, wenn sie ihn so untätig da sitzen sähen? - „Nach fünf Minuten war ich erstaunlich friedlich", erzählte er. „Das war für mich ein ungewohntes, eher fremdes Gefühl. - „Ich brauche dich," diese Worte hörte ich, wie wenn jemand sie zu mir gesprochen hätte. Sie waren mit Wohlwollen und Güte ausgesprochen. Ich drehte mich um. Es war niemand da. Ich konnte lange in meinem Gedächtnis suchen: Nie hatte mir jemand einen solchen Satz gesagt."

Es wurde Jacques-Henry klar, dass Gott selbst zu ihm gesagt hatte: „Ich brauche dich." Damit eröffnete sich für ihn ein neuer Lebensabschnitt und er setzte sich später sehr für Gerechtigkeit und Versöhnung ein.

Nur wenigen Menschen ist es gegeben, einen so deutlichen und persönlichen Ruf zu erhalten, und doch gilt es für uns alle: Bei unserem Namen ruft uns Gott, denn er liebt jeden und jede als sein Kind.

Amen.
15. Juli 2007

Du bist schön!

Markus 2, 27

Gott gibt Gesetze. Das ist zwar überhaupt nicht modern, aber gerade deshalb sind wir herausgefordert, darüber nachzudenken, was denn der richtige Platz des Gesetzes im Leben ist.

Vielleicht ist es besser zu sagen: Gott schafft Ordnung. – Aber auch das Wort Ordnung ist in manchen Zusammenhängen negativ besetzt. Sprechen wir darum besser von der Schönheit. Gott ist schön – und wer Gott liebt, wird schön.

Gesetz, Ordnung, Schönheit. – Es wird vielleicht eine philosophische Predigt, aber es hat auch viel mit dem Leben zu tun.

Welche Rolle spielt die Ordnung in Ihrem Leben? Als ich das eine Hausfrau fragte, stiess sie einen tiefen Seufzer aus. Ihr bedeutet das schöne Einrichten der Wohnung sehr viel. Sie hat auch eine geschmackvoll eingerichtete Wohnung. Wenn man hereinkommt, so fühlt man sich wohl. Die Farben sind schön anzusehen. Alles hat seinen Platz und doch wirkt nichts zwanghaft oder pingelig. Eine Wohnung mit Herz.

Aber dafür muss sie viel arbeiten – und hat doch oft nicht genug Zeit dazu. Und was hinzu kommt: Sie muss immer wieder ihren Mann und ihre Kinder davon überzeugen, dass Ordnung schön ist und dass das Aufräumen eben zum Leben gehört...

Dass Ordnung zum Leben nötig ist, sehen wir auf den Spielplätzen. Wenn Sie mit Ihren Kindern auf eine Spielwiese gehen und da liegen Scherben, Bierdosen und sogar Spritzen von Fixern herum? Dann ist da kein Platz mehr für die Kinder!

Und ich möchte darum einmal all denen einen herzlichen Dank aussprechen, die auf dem Strasseninspektorat Tag für Tag dafür sorgen, dass unsere Strassen und Plätze sauber und ordentlich sind. Sie leisten einen unschätzbaren Dienst für die Lebensqualität von uns allen!

Ich möchte denen danken, die angestellt sind zum Putzen und Reinigen. Das ist eine unglaublich wichtige Sache, deren Wert aber leider oft erst erkannt wird, wenn es fehlt!

Und ich möchte Ihnen allen danken, die Sie ab und zu auf dem Trottoir eine Bierdose auflesen und in den Abfalleimer werfen. Sie tragen das Ihre dazu bei, dass es in Veltheim schön zu wohnen ist!

Ordnung braucht es aber nicht nur auf den Strassen und Plätzen. Auch unser Leben soll schön geordnet sein. In dem beliebten Lied: „All Morgen ist ganz frisch und neu" heisst es: „Drum steht der Himmel Lichter voll, dass man zum Leben sehen soll, und es mög *schön geordnet* sein, zu Ehren Gott, dem Schöpfer dein." (RG 557,2)

Sein Leben ordnen. Das ist ein grosses Thema. Viel Arbeit und oft eine lebenslange Aufgabe. Ich möchte drei Punkte herausgreifen.

Erstens. Es gehört zu einem geordneten Leben ein rechtes Verhältnis von Arbeit und Ruhe. „Sechs Tage sollst du arbeiten, aber der siebte Tag ist ein Ruhetag.“ (Vgl. Exodus 20, 9f)

Wer immer nur arbeitet, wird krank oder arbeitssüchtig. Wer zuviel ruht, der rostet. Das rechte Verhältnis von Arbeit und Ruhe dient dem gesunden Leben.

Was ich zitiert habe, ist eines von den Zehn Geboten, also ein Gesetz Gottes. Gott sei Dank gibt es diese Gesetze! Sie helfen uns, gut und gesund zu leben. Aber eben, es gibt immer wieder Menschen, die die Gesetze verabsolutieren und damit in ihr Gegenteil verkehren. So wie gewisse Pharisäer, die das Sabbatgebot so streng auslegten, dass ein normaler Mensch am Sabbat gar nicht mehr richtig leben konnte.

Dagegen sagte Jesus prägnant wie immer: „Der Sabbat ist um des Menschen willen geschaffen und nicht der Mensch um des Sabbats willen.“ (Markus 2, 27)

Sein Leben ordnen. Ein zweiter Punkt. Zu einem geordneten Leben gehört die innere Ordnung, die Schönheit der Seele, die Reinheit des Herzens, wie die Bibel es nennt. Es geht darum, den Giftmüll im Herzen zu entsorgen, wie es unsere Jugendkirche auf einem Flyer anschaulich formuliert hat.

Und wenn das Gift einmal draussen ist, geht es darum, die Kräfte und Leidenschaften, die uns antreiben, ins rechte Verhältnis zueinander zu bringen – und auf das rechte Ziel hin auszurichten.

Das rechte Verhältnis, sodass die Sehnsucht und die Entschlusskraft einander ausgleichen. Sodass die Zärtlichkeit und die Vernunft einander beleben. Sodass unsere spontane Begeisterung im Gleichgewicht bleibt mit dem Zug zum Dauerhaften und Bewahrenden. Sodass unsere Leidenschaften und unsere Treue einander Kraft und Halt geben.

Dass die Seele aber schön wird, dazu braucht es über allem und in allem ein Gewürz, das so fein schmeckt und so gut duftet wie kein anderes: das Gewürz der Liebe.

Sein Leben ordnen. Dazu gehören, und das ist mein dritter Punkt, schöne und gepflegte Beziehungen. Erlauben Sie mir dazu drei Stichfragen – und ich hoffe, dass sie nicht zu sehr stechen, sondern zum Nachdenken anregen.

Leben Sie im Frieden mit Ihren Nachbarn? – Oder können Sie etwas tun, um Ihre Nachbarschaft zu verschönern?

Tragen Sie einem Menschen etwas nach? - Können Sie versuchen, dies zu klären und zu vergeben?

Und eine dritte Frage, vielleicht die schwierigste: Sind Sie jemandem etwas schuldig geblieben? – Wie könnten Sie dies in Ordnung bringen?

Sein Leben ordnen ist jedoch kein Selbstzweck, und die Motivation dazu kommt nicht aus unserem Eigenwillen. „Drum steht der Himmel Lichter voll, dass man zum Leben sehen soll, und es mög schön geordnet sein, zu Ehren Gott, dem Schöpfer dein.“ Wir sollen das Leben ordnen, damit es in seiner Schönheit und Pracht Gottes Schönheit spiegelt und sichtbar macht.

Die Schönheit des Himmels spiegelt sich in der Schönheit unseres Lebens. Die Ordnung des Kosmos spiegelt sich wider im Schmuck unserer Seele. Das Licht des Himmels spiegelt sich im Leuchten unserer Augen. - Indem wir unser Leben schön ordnen, ehren wir Gott, den Schöpfer.

Was aber ist schön? Was ist Schönheit? Darüber kann man verschiedener Meinung sein. Es gehört aber gewiss zur Schönheit, dass die Dinge im rechten Verhältnis zueinander stehen und dass die Farben und Formen zueinander passen.

Stellen Sie sich einfach eine schöne Rose vor! – Das ist Schönheit.

Die Schönheit liegt aber nicht nur *in* den Dingen. Ein Philosoph sagte – und diesen Spruch möchte ich Ihnen besonders ans Herz legen: „Die Schönheit entsteht in den Augen des Betrachters." (David Hume zugeschrieben) Die Schönheit sehen wir erst dann, wenn wir die Augen dafür öffnen. Mehr noch, wenn wir in unserem Inneren, in unserem Herzen eine entsprechende Harmonie sich einstellen lassen.

Darum finde ich es eigentlich absurd, eine Miss Schweiz zu küren, die Schönste unter den jungen Schweizerinnen. Die Schönheit entsteht doch in den Augen der Betrachter und sie ist nicht etwas, was eine Amanda an sich hat.

Nun, sollen die mitmachen, die daran Spass haben! Ich halte mich lieber an Christian Morgenstern, der gesagt haben soll: „Schön ist eigentlich alles, was man mit Liebe betrachtet."

Ein golden leuchtender Herbst oder ein kleiner Käfer: Wie schön sind sie, wenn wir sie mit Liebe betrachten! Ein alter Mensch, ein hart arbeitender Mann: Wie schön sind sie, wenn wir sie mit einem liebevollen Herzen ansehen!

Und darum möchte ich Ihnen allen heute sagen: Sie sind schön! Egal ob Sie eine grosse oder eine kleine Nase haben: Sie sind schön, zumindest für alle, die Sie mit Liebe betrachten.

Und wenn Ihnen kein einziger Mensch sagt, dass Sie schön sind, so glauben Sie dies: Gott betrachtet Sie mit Liebe. In Seinen Augen werden Sie schön.

Gesetz, Ordnung, Schönheit: Das Gesetz ist nötig, doch es soll dem Leben *dienen.* Es ist für die Menschen da und nicht der Mensch für das Gesetz. So verstanden führt es zur Freiheit.

Die Ordnung des Kosmos, der gestirnte Himmel soll sich spiegeln in einem Leben, das schön geordnet ist: in einer schönen Seele, in einem reinen Herzen.

Schönheit: Unsere Schönheit entsteht in den Augen Gottes, weil er uns mit Liebe betrachtet.
Amen.
21. Oktober 2007

Engel oder Quälgeister?

Matthäus 12, 43 - 45

Eidgenössischer Dank-, Buss- und Bettag

> *„Von der Rückkehr der unreinen Geister*
> Wenn aber der unreine Geist aus dem Menschen ausfährt, streift er durch wasserlose Gegenden, sucht Ruhe und findet sie nicht. Dann sagt er: Ich will in mein Haus zurückkehren, wo ich herkomme. Und wenn er es betritt, findet er es leer, gefegt und geschmückt. Dann geht er und holt sieben weitere Geister, die schlimmer sind als er; und sie ziehen ein und lassen sich dort nieder. Und es steht um jenen Menschen am Ende schlimmer als zuvor."

Der Herr segne sein Wort an uns.

Kannten Sie diese Bibelstelle? – Wahrscheinlich kennen die meisten dieses Gleichnis nicht. Es passt auch so ganz und gar nicht in unser aufgeklärtes Denken! Ich selber mag diese Stelle trotzdem. Vielleicht haben ja Spuk- und Geistergeschichten etwas Faszinierendes.

Ich möchte die Stelle erklären. Die unreinen Geister sind das Gegenteil von Engeln. Man stellte sie sich als personale Wesen vor. Sie empfinden ähnlich wie Menschen. Sie halten sich in der Wildnis auf. Unruhig schweifen sie umher und suchen einen Ort, wo sie sich niederlassen können.

Es erinnert mich an die Holzböcke im Wald, an die Zecken. Die lauern auch irgendwo im Gebüsch und warten nur darauf, dass sie sich auf einen Körper niederlassen können, um sich fest zu beissen und Blut zu saugen.

So stellte man sich vor, dass die unreinen Geister eine Wohnung suchen. Sie wollen bei einem Menschen einziehen. Sie wollen in einem Herzen wohnen. Wenn sie aber eingezogen sind, so quälen sie den Menschen und verleiten ihn zu bösen Taten, sodass er auch andere quält.

Gott sei Dank kann das machtvolle Wort Gottes solche Geister vertreiben und die Menschen von ihnen erlösen. Das durften die Menschen erfahren, denen Jesus half.

Nun sagte Jesus: Wenn ein unreiner Geist aus dem Inneren eines Menschen ausgefahren ist, so muss man an seiner Stelle einen Engel Gottes einziehen lassen, denn solange die innere Wohnung eines Menschen von Engeln bewohnt wird, wird keine böse Gesinnung und kein Quälgeist dahin zurückkehren. Wehe aber dem, der seine Wohnung leer stehen lässt!

Es kann ihm gehen wie einem Hausbesitzer, der seine Villa lange Zeit leer stehen liess. Da kamen Hausbesetzer und liessen sich darin nieder. Diese verwohnten das Haus und es war gar nicht leicht, sie wieder los zu werden. Es brauchte dafür sogar die Polizei!

Wer ein Haus besitzt, der muss es bewohnen. Entweder zieht er selbst ein, oder er sucht gute Mieter, die dem Haus Sorge tragen. Dieses Gleichnis möchte ich heute in zwei Richtungen auslegen, nach aussen und nach innen, auf das öffentliche Leben und auf das geistliche.

Das Haus, in dem die Geister wohnen möchten, ist nach der Lehre von Jesus der Mensch. Die unreinen Geister, damit bezeichnet Jesus das, was wir manchmal eine Sucht nennen: die Habsucht zum Beispiel, dass einer krankhaft immer etwas haben will. Weiter sind die Selbstsucht, die Tobsucht, die Eifersucht, aber auch die Alkoholsucht, die Ess-Brech-Sucht und die Spielsucht solche Süchte, die unseren Körper schädigen und unsere Psyche ruinieren. Sie belasten unsere Beziehungen und verursachen hohe Kosten für die Gesellschaft. – Eine Sucht entspricht dem, was Jesus einen unreinen Geist nennt.

Es gibt heute zum Glück und Gott sei Dank verschiedene Therapien und Heilmethoden, um von einer Sucht frei zu werden. Dabei gilt es, folgendes zu beachten: Es genügt nicht, eine Sucht loszuwerden. Man muss an ihrer Stelle etwas anderes annehmen.

Wer habsüchtig war, muss Dankbarkeit lernen. Wer spielsüchtig war, muss wahrscheinlich lernen, für sein Geld zu arbeiten und mit dem auskommen, was er verdient. Er muss lernen, Mass zu halten. Ganz allgemein gesagt: Wer von einer Sucht frei gekommen ist, muss an ihrer Stelle Werte pflegen wie Vertrauen, Ehrlichkeit, Zuverlässigkeit und Mässigung, um diejenigen zu nennen, die in der aktuellen Bettagsbotschaft des Kirchenrates genannt werden. Glauben, Hoffnung und Liebe; Achtsamkeit, Bescheidenheit und Freude. Diese Werte sollen unser Herz bewohnen und unser Leben erfüllen. Sie werden uns helfen, von den destruktiven Haltungen frei zu bleiben.

Wie kann man solche geistigen, inneren Werte zu sich einladen? In seinem Herz Raum geben? Es gibt verschiedene Methoden, aber eine besonders schöne finde ich ist das, was unser Chor tut: das Singen. Wenn Sie geistliche Musik singen und spielen, besonders wenn Sie sie auswendig lernen, nehmen Sie die Melodien und Worte in ihr Herz auf. Sie werden dann Ihr Inneres bewohnen und es erfüllen. Diese Worte und Melodien bringen immer einen Geist mit, einen Inhalt, der unser menschliches Wesen prägt. Sie bauen unser Herz auf. Sie machen uns lebendig und froh.

Vielleicht hängt es damit zusammen, dass Sängerinnen und Sänger, Musikerinnen und Musiker, ähnlich wie Blumenverkäuferinnen, oft eine sehr angenehme persönliche Ausstrahlung haben.

Ein Volkslied sagt es so: „Hab einsam auch mich gehärmet in bangem düsterem Mut, und habe wieder gesungen, und habe wieder gesungen, und alles, alles war wieder gut.“

Der bange, düstere Mut bezeichnet den unguten Geist der Melancholie, der Schwermut. Durch das Singen aber zieht wieder ein froher Geist im Herzen ein, so dass man sagen kann: Alles wird wieder gut.

In diesem Sinne kann ich Ihnen nur empfehlen, in einen Chor einzutreten. Das wird sie vor vielen unguten Geistern bewahren!

Am heutigen eidgenössischen Bettag möchte ich dieses Gleichnis von der Rückkehr der unreinen Geister auch auf das öffentliche Leben hin auslegen. Das Haus, in dem die Geister, die unguten sowie auch und die Engel wohnen und arbeiten, das ist nicht nur unser individuelles Herz, sondern es ist auch die Gemeinschaft, die Stadt, die Eidgenossenschaft.

Die Zimmer dieses grossen Hauses sind die Behörden und Institutionen: Der Gemeinderat und der Stadtrat, die Schulpflege und die Kirchenpflege, die Synode, die verschiedenen Kammern, Behörden und Vereinsvorstände, welche alle wichtige Aufgaben in unserer Demokratie wahrnehmen. – Ich kann nicht alle die Zimmer dieses Hauses aufzählen. Ich meine aber, dass sowohl die grossen nationalen Institutionen sowie die kleinen im Quartier wichtig sind.

Weitere Stuben und Salons sind die Verwaltungsräte, Direktionen und Führungsgremien der Wirtschaft. Auch sie tragen, obwohl sie nicht demokratisch gewählt werden, eine Verantwortung für die Gesellschaft.

Was für Geister wohnen in all diesen Räumen? Sind es Engel oder Quälgeister? Sind es Menschen mit einer reinen Gesinnung oder solche, welche habsüchtig nur ihren eigenen Vorteil suchen? Sind es Menschen, die Gerechtigkeit wollen und Verantwortung wahrnehmen, oder sind es solche, die selbstsüchtig nur sich selbst gefallen wollen?

In der Demokratie sind wir gemeinsam verantwortlich dafür, welche Leute diese Ämter und Aufgaben wahrnehmen. Wir nehmen diese Verantwortung wahr, indem wir wählen und indem wir uns selbst für Ämter zur Verfügung stellen.

Darum ärgert es mich, wenn jemand sagt: Politik ist ein Dreckgeschäft. Wer so redet, überlässt die Politik den unreinen Geistern! Er entzieht sich der Verantwortung, die er als Bürger und Einwohner unseres Landes hat.

Ich finde es wichtiger, dass wir diejenigen, die sich für die Politik und die öffentlichen Aufgaben einsetzen, respektieren und unterstützen. Ich möchte Sie alle ermuntern, sich für einen solchen Dienst zur Verfügung zu stellen!

Ich möchte heute denen herzlich danken, die ein öffentliches Amt oder eine gemeinnützige Aufgabe angenommen haben. Sie leisten einen zentralen Dienst!

Ich freue mich auch, in einer Stadt zu leben, wo die Häuser der Altstadt die Namen der guten Geister tragen: Dankbarkeit, Geduld, Hoffnung und wie sie alle heissen. Es ist schön, dass diese Geister unsere Stadt beleben sollen, und es tut gut, beim Spazieren durch die Altstadt immer wieder an diese tragenden und sinnvollen Werte erinnert zu werden.

Das Gleichnis von der Rückkehr der unreinen Geister macht uns die Verantwortung klar, die wir für das öffentliche und das persönliche Leben haben: Was für Geister lässt Du in Deiner inneren Wohnung hausen? Welchen Geistern gibst Du Raum in der Öffentlichkeit?

Lasst uns die guten Geister einladen!

Amen.
20. September 2009

Leuchtturm sein

Epheser 5, 8 – 14; Matthäus 5, 13 - 16

„Kinder des Lichts

Denn einst wart ihr Finsternis, jetzt aber seid ihr Licht im Herrn.

Lebt als Kinder des Lichts - das Licht bringt nichts als Güte, Gerechtigkeit und Wahrheit hervor -, indem ihr prüft, was dem Herrn gefällt, und beteiligt euch nicht an den fruchtlosen Werken der Finsternis, sondern deckt sie auf! Denn was durch sie im Verborgenen geschieht, auch nur auszusprechen, ist schon eine Schande; alles aber, was aufgedeckt wird, wird vom Licht durchleuchtet, ja, alles, was durchleuchtet wird, ist Licht. Darum heisst es:

Wach auf, der du schläfst,
und steh auf von den Toten,
so wird Christus dein Licht sein."
(Epheser 5, 8 - 14)

„Salz der Erde. Licht der Welt

Ihr seid das Salz der Erde. Wenn aber das Salz fade wird, womit soll man dann salzen? Es taugt zu nichts mehr, man wirft es weg und die Leute zertreten es.

Ihr seid das Licht der Welt. Eine Stadt, die oben auf einem Berg liegt, kann nicht verborgen bleiben. Man zündet auch nicht ein Licht an und stellt es unter den Scheffel, sondern auf den Leuchter; dann leuchtet es allen im Haus. So soll euer Licht leuchten vor den

Menschen, damit sie eure guten Taten sehen und euren Vater im Himmel preisen."
(Matthäus 5, 13 - 16)

Der Herr segne sein Wort an uns.

Das Finstere übt eine grosse Faszination aus, aber das Licht bringt Glück und Freude.

Schauen Sie auf die Blumen. Sie öffnen sich für das Licht. Sie fangen das Licht auf und entfalten so ihre ganze Schönheit. Sie lassen sich verwandeln vom Licht. So wächst Frucht und das Leben geht weiter, wird neu entstehen.

Diese Wirkung des Lichts ist ein wunderbares Bild für das Verhältnis von Gottes Liebe und uns Menschen. Wie eine Blume will sich unser Herz Gott entgegenstrecken, sich öffnen und Gottes Zuwendung empfangen, aufnehmen und sich ganz davon durchdringen lassen.

So entsteht im Herzen viel Freude und grosse Güte.

„Geh'aus, mein Herz, und suche Freud", so dichtete es Paul Gerhardt. Und dann formulierte er diese grosse Bitte, indem er sich ganz mit der Blume identifizierte:

„Mach in mir deinem Geiste Raum,
dass ich dir werd' ein guter Baum,
und lass mich Wurzel treiben.

Verleihe, dass zu deinem Ruhm
ich deines Gartens schöne Blum
und Pflanze möge bleiben." (RG 537, 14)

„Ihr seid das Licht der Welt." Das sagte Jesus zu den Menschen, die sich so durch und durch von Gottes Liebe beschenken liessen. Ich glaube, wir alle dürfen dieses Wort auf uns beziehen. Wir sind berufen, Licht der Welt zu sein.

Wir sind berufen, Licht zu verbreiten: Liebe zu schenken, indem wir uns zum Beispiel für jemanden Zeit nehmen. Wir sind berufen, Freude zu bereiten, indem wir zum Beispiel jemandem ein Geschenk machen oder einen Blumenstrauss binden und ihm bringen.

„Der hat sein Leben am besten verbracht, der die meisten Menschen hat froh gemacht." Das leuchtet ein, nicht wahr?

Nun sagte ich aber zu Beginn nicht nur, dass das Licht Glück und Freude bringt, sondern auch, dass das Finstere eine grosse Faszination ausüben kann. Wie ist das mit dieser Faszination in unserer Zeit, in unserer Gesellschaft? Wir haben uns gestern am 1. August Gedanken über die Werte gemacht, auf die unser Land aufbaut. So will ich heute über Dinge nachdenken, die, wie ich meine, von gesellschaftlicher Bedeutung sind.

Paulus schreibt vom Finsteren: „Beteiligt euch nicht an den fruchtlosen Werken der Finsternis, sondern deckt sie auf! Was durch sie im Verborgenen geschieht, auch nur auszusprechen, ist schon eine

Schande; alles aber, was aufgedeckt wird, wird vom Licht durchleuchtet, ja, alles, was durchleuchtet wird, ist Licht."

Die fruchtlosen Werke der Finsternis. Das Finstere, das uns so faszinieren kann, bringt keine gute Frucht, das ist das Erste, was Paulus sagt. Das Zweite ist: Das Finstere kann sich verwandeln, wenn wir es aufdecken und ins Licht der Liebe stellen.

Ich muss dabei an die Kröte aus dem Froschkönig denken. Die Kröte – es war ja wohl eher eine eklige Kröte als ein niedlicher kleiner Frosch – steht für das Finstere. Sie kam aus dem dunklen Brunnen. Sie verstand es, die Prinzessin zu faszinieren. Diese Kröte aber konnte sich in einen schönen Prinzen verwandeln, als die Prinzessin sich nicht mehr von ihr abwandte, sondern sie küsste, das heisst liebte. Da wurde aus dem finsteren Frosch eine Lichtgestalt!

Was kann das heute bedeuten? Ich möchte über drei Dinge sprechen, die mich in diesem Zusammenhang seit längerem beschäftigen.

Das Erste. Es ist bei Jugendlichen und auch bei Kindern in Mode gekommen, auf den Kleidern Bilder und Symbole von Tod und Gewalt zu tragen: Totenköpfe, Piratensymbole, Waffen bis hin zu dämonischen Fratzen. Dazu kommen die passenden Wörter wir Tod, Fluch, Böse, oft auf Englisch: Evil and Death. – Damit wird ein Geschäft gemacht.

Das sind alles Zeichen und Wörter, die aus evangelischer Sicht in den Bereich des Finsteren gehören. Ist es ein harmloses Spiel, damit die Kleider zu verzieren? - An der Fasnacht vielleicht, aber im Alltag? Und wie empfinden Sie das bei kleinen Kindern? Wenn Kinder im zarten Alter von fünf und sechs Jahren auf ihren Jacken Totenköpfe tragen? Und wie empfinden Sie das bei Jugendlichen und jungen Erwachsenen?

Liebe Gemeinde, die Frage ist offen. Es ist eine Frage, zu der es verschiedene Meinungen und Ansichten gibt und geben darf. Ich möchte Ihnen aber meine Meinung dazu als Denkanstoss mitteilen. Ich bin überzeugt, dass solche Symbole eine Wirkung haben, sowohl auf den, der sie trägt, als auch auf sein Umfeld. Genauso wie ein frischer Blumenstrauss auf dem Tisch Freude bereitet, so verbreitet ein Totenkopf auf dem T-Shirt eine düstere Atmosphäre.

Ich finde es wirklich nicht gut, wenn man Kinder im zarten Alter solche Symbole tragen lässt. - Ich muss einfach daran denken, dass die SS bei den Nazis den Totenkopf als ihr Symbol hatte, weil sie den Tod bringen sollten. Und auch daran, dass heute Kindersoldaten in Afrika manchmal die Schädel der Ermordeten als Trophäen mittragen.

Ich fürchte, dass Eltern, die unbesehen Kleider mit solchen Symbolen einkaufen, manchmal zu gedankenlos sind.

Bei Jugendlichen sehe ich es etwas anders. In der Jugend geht es oft darum, sich mit den Schattenseiten des Lebens auseinander zu setzen. Diese anzunehmen und zu integrieren. Manchmal ist es nötig, dass ein junger Mensch die Werte seiner Erzieher ablehnt und sich mit dem Gegenteil identifiziert. Das kann zu seiner Entwicklung und Selbständigkeit beitragen.

Dennoch sollte man es auch hier ernst nehmen, wenn man beim Anblick eines jungen Menschen, welcher dämonische Symbole zur Schau trägt, ein ungutes Gefühl bekommt. Eine gefühlsmässige Ablehnung kann eine gesunde Reaktion sein! Man will sich nicht anstecken lassen von dem Negativen, das jemand ausstrahlt.

Was sollen wir tun, wenn wir so ein ungutes, ablehnendes Gefühl empfinden? Gewiss ist es falsch, diesen Menschen zu verurteilen. Vielmehr wird es gut sein, diesen Menschen ins Licht der Liebe Gottes zu stellen. Dadurch kann die wahre Sehnsucht dieses Menschen zum Vorschein kommen. Eine junge Frau, die sich ganz schwarz und im gothic style kleidete, sagte: „In der Szene werde ich angenommen, während ich sonst von allen Menschen immer abgelehnt werde!“ Für diese junge Frau ist diese Kleidung ein Ausdruck von ihrem Wunsch, angenommen zu werden und zu einer Gruppe zu gehören. Manchmal äussert sich in der aggressiven Kleidung ein Verlangen nach Respekt und nach Stärke. Solche Kleidung kann signalisieren: Bleibt auf Distanz! Das kann daher kommen, dass jemand gedemütigt und fertig gemacht worden ist. Diese tieferen Bedürfnisse werden sichtbar, wenn wir einen Mitmenschen im Licht der Liebe Gottes betrachten.

„Was aufgedeckt wird, wird vom Licht durchleuchtet. Ja, alles, was durchleuchtet wird, ist Licht.“ – Kürzlich traf ich einen ehemaligen Konfirmanden, der sich in der Oberstufe extrem als Punker kleidete. Nun, mit 18 Jahren, sagte er mir: „Ich werde nach meiner Kochlehre einen sozialen Beruf ergreifen. Das hätten sie wohl nicht gedacht, oder?“ – Es wunderte mich nicht so sehr, dass er sich so entwickelte, und ich freute mich darüber, sagte ich ihm. Schon früher hatte ich die versteckte soziale Ader bei ihm gespürt.

Der zweite Bereich, wo sich die ungute Faszination durch die dunklen Mächte auswirkt, sind die Medien.

Als ich den Predigttext gelesen hatte, fragte ich mich: Was meint wohl Paulus mit diesen fruchtlosen Werken der Finsternis, von denen zu sprechen schon eine Schande sein soll? – Danach blätterte ich etwas aufmerksamer in der Zeitung. Da sah ich plötzlich, wie viele Dinge hier berichtet werden, die so schlimm sind, dass ich sie hier nicht einmal erwähnen möchte. „Sex and Crime“ nennt man das.

Es macht mich traurig zu sehen, wie viel Raum diese negativen und fruchtlosen Themen in den Medien einnehmen! Traurig, weil dadurch in unseren Gedanken und Gefühlen weniger Zeit bleibt für das Licht, das gute Früchte bringt. Es bleibt weniger Zeit, um darüber nachzudenken, was man Gutes erlebt hat, was man Schönes gesehen und Wahres erfahren hat.

Was können wir von Paulus lernen? - Dass wir uns vom Sog dieser negativen Meldungen lösen sollten. Darum sage ich ganz praktisch: Nehmen Sie sich etwas mehr Zeit für eine Zeitschrift wie zum Beispiel „Leben und Glauben“, und nehmen Sie sich etwas weniger Zeit für alle die ach so aufregenden schlimmen Nachrichten.

Was geschieht, wenn man sich mehr Zeit nimmt für die Familie, für den Garten und für die Haustiere? Wird das Leben dann etwa langweiliger? Nein! Und wird das Leben nicht fruchtbarer, wenn wir uns mehr Zeit nehmen, um liebevoll an unsere Nachbarn und unsere Arbeitskollegen zu denken, um unseren Freunden und Bekannten Gutes zu wünschen?

Hier in Veltheim erlebe ich es immer wieder, dass jemand für einen Nachbarn einen Zopf bäckt. Das finde ich so schön! Das ist ein konkretes Beispiel für die gute Frucht des Lichts.

Wir können unseren Nächsten täglich Freude wünschen und bei Gelegenheit ein gutes Wort geben: Damit überwinden wir die Faszination durch das Finstere und können selbst Licht in die Welt hinaus tragen.

Der dritte Bereich, den ich erwähnen möchte, ist das Geldspiel. Am 1. August machen wir uns Gedanken über die Werte, auf die unser Land aufbaut. Nun war aber in der Zeitung zu lesen, dass das Pokern in der Schweiz wieder erlaubt sei. Die Pokerfreunde reiben sich sogar die Hände und sagen, dass wir in der Schweiz eine der liberalsten Gesetzgebungen der Welt haben in Bezug auf das Pokern.

Darüber, was im Staat erlaubt und was verboten sein soll, darüber hat die Politik zu entscheiden. In der Kirche aber müssen wir uns darüber Gedanken machen, was im Licht des Evangeliums gut ist, was Güte und Gerechtigkeit und Wahrheit fördert. Nicht alles, was in der Gesellschaft erlaubt und möglich ist, ist im Sinne des Evangeliums auch gut!

Wie ist das mit dem Geldspiel? Wie sieht dieses im Licht des Evangeliums aus? Fördert das Geldspiel die menschliche Güte und die soziale Gerechtigkeit? Gewiss nicht! Dann sollten wir damit auch nichts zu tun haben. „Beteiligt euch nicht an den fruchtlosen Werken der Finsternis.“ Warum? Erstens, weil man mit dem Geld nicht spielen soll, ebensowenig wie man mit dem Essen spielen soll. Geld soll man ehrlich verdienen und für Notwendiges, Nützliches und Gutes ausgeben.

Zweitens: Ich kenne Väter und Mütter, die der Spielsucht verfallen sind. Durch das Geldspiel haben sie nicht nur sich selbst, sondern auch ihre Angehörigen in Not gebracht.

Drittens: Zwingli wusste sehr wohl, weshalb er das Geldspiel verbieten liess. Es hatte nämlich schon damals einen schädlichen Einfluss auf die Gesellschaft.

Darum sollten wir uns als Christen vom Geldspiel fernhalten. Ich sage bewusst: als Christen. Wir leben in einer freiheitlichen Gesellschaft. Das gibt uns viel Spielraum zur eigenen Gestaltung unseres Lebens. Diese freiheitliche Gesellschaft erlaubt aber auch viel, was den Menschen eigentlich nicht gut tut. Denken Sie an die Totenköpfe auf den Kleidern, an den grossen Raum, den „Sex and Crime“ in den Medien einnehmen können, und daran, dass das Geldspiel wieder erlaubt worden ist.

Ihr seid das Licht der Welt. Das bedeutet, dass wir als Christen gefordert sind, ethische Werte festzuhalten und aus Überzeugung zu leben - und vorzuleben.

Wir müssen für uns selbst entscheiden, was wir tun und lassen wollen. – Manchmal braucht es etwas Mut, gegen den Strom zu schwimmen. Aber nur wer gegen den Strom schwimmt, kommt zur Quelle! - Wir sind berufen, ethische Werte zu leben, um dadurch der Gesellschaft eine Orientierungshilfe zu geben.

Das hat eine Wirkung, auch wenn man diese im ersten Moment nicht sieht! Denken Sie an die Menschen, die bewusst und freiwillig auf Alkohol verzichten. Das ist ein Zeichen. Es bedeutet, dass der ganze

Schaden, welcher durch den Alkohol angerichtet wird, nicht einfach ein Schicksal ist, dem wir hilflos ausgeliefert sind. Nein, wir haben die Freiheit, anders damit umzugehen.

Ich will zum Schluss noch ein Beispiel erzählen. Ich ass einmal mit dem Abt Anton Rotzetter zu Abend. Ich stellte fest, dass er Vegetarier ist und sprach ihn darauf an. Er sagte: „Ich habe Fleisch eigentlich gern, aber vom Getreide, mit dem die Rinder ernährt werden, könnten siebenmal so viele Menschen satt werden, wenn man das Getreide den Menschen gäbe, anstatt es den Tieren zu verfüttern und dann das Rindfleisch zu essen. Das kann ich bei 850 Millionen hungernden Menschen auf der Welt nicht mehr vertreten." – Das hat mich sehr beeindruckt und der Gedanke begleitet mich seither.

Wir sollen Licht für die Welt sein: Leuchttürme, die den Schiffen auf dem Meer helfen, ihr Ziel zu erreichen.

Amen.

2. August 2009

Maria durch ein' Dornwald ging

RG 368: Maria durch ein' Dornwald ging; Lukas 1, 39; Matthäus 11, 2 - 6 Advent

Maria durch ein' Dornwald ging. - Liebe Gemeinde, dieses schöne Adventslied haben wir mehrmals gemeinsam gesungen. Es ist ja unser Monatslied. Ist es Ihnen schon ans Herz gewachsen? Geht es Ihnen im Alltag nach? Vielleicht haben Sie sich auch Gedanken über den Inhalt gemacht.

Am letzten Sonntag hat meine Kollegin auf die Symbolik im Lied hingewiesen: Der Dornenwald ist ein Sinnbild für die Welt, die von Not erlöst werden möchte. Die Rosen, die erblühen, sind ein Zeichen der Hoffnung.

Heute möchte ich darauf achten, welche biblischen und spirituellen Bezüge das Lied hat. Ich hoffe, dass Sie sich dadurch das Lied noch mehr aneignen können. Es möge Ihnen helfen, auch im Alltag dem Geheimnis von Weihnachten nachzuspüren.

Welche biblische Geschichte ist in dem Lied aufgenommen worden? Es ist ein Vers aus dem Lukasevangelium, im ersten Kapitel. Hier wird berichtet, wie der Engel Gabriel zu Maria gesandt wurde. Er brachte ihr die Nachricht, dass sie schwanger werde durch die Kraft des Heiligen Geistes. Dann sagte er: „Und siehe, Elisabeth, deine Verwandte, ist auch schwanger in ihrem Alter. Und sie ist jetzt im sechsten Monat, sie von der man sagt, dass sie unfruchtbar sei. Denn bei Gott ist kein Ding unmöglich." Da antwortete Maria: „Siehe, ich bin des Herrn Magd; mir geschehe nach deinem Wort." Und der Engel schied von ihr. Dann, in diesen Tagen, machte sich Maria auf den Weg und ging eilends in das Gebirge in eine Stadt in Judäa. Sie kam in das Haus des Zacharias und begrüsste Elisabeth. Und es begab sich, als Elisabeth den Gruss Mariens hörte, da hüpfte das Kind in ihrem Leibe. (Vgl. Lukas 1, 36 – 41)

Nach der wunderbaren Begegnung mit dem Engel Gabriel, nach dieser ganz besonderen geistlichen Erfahrung, nachdem sie nun weiss, dass sie schwanger wird, was wird Maria tun? Maria hätte sich sagen können: Nun, wo ich schwanger bin, muss ich mir Sorge tragen. Ich darf keine Belastungen auf mich nehmen. Ich will mich nicht anstrengen, sondern mich ausruhen. Ich will dem Kind keinen Stress zumuten, sondern ihm ein feines Bettchen bereiten. Ich will ihm warme Kleider stricken und nähen.

Aber nein. Maria hört, dass Elisabeth, ihre schon ältere Cousine, in ihrer späten Schwangerschaft die Hilfe einer Frau braucht. Fraglos übernimmt Maria diese Aufgabe. Sie geht mit dem Kind unter ihrem Herzen den rauen und gefährlichen Weg durch das Gebirge zu Elisabeth und Zacharias. Sie geht einen dornenvollen Weg.

Liebe Gemeinde, diesen Weg malt unser Adventslied in symbolhafter, dichterischer Art und Weise aus. „Maria durch ein' Dornwald ging, der hat in sieben Jahrn kein Laub getragen."

Welche Bilder stellen sich Ihnen beim Singen dieser Strophe ein? Welche Gefühle werden geweckt? – Wenn ich nun einige Erklärungen versuche, so möchte ich damit nur Ihre eigene Phantasie anregen.

Der Dornenwald... Kratzen, Verletzen, Blut, Stacheldraht. Angst, ausweglos...

Vielleicht taucht die Erinnerung an das Dornröschenschloss auf. Wer die Prinzessin aus dem Dornengestrüpp befreien will, der kommt jämmerlich um, bis dass die rechte Zeit gekommen ist.

„Der hat in sieben Jahrn kein Laub getragen." Das ist eine Zeitangabe. Was bedeutet die Zahl sieben? Ich möchte sie hier auf die sieben Tage der Schöpfung, das heisst auch auf die sieben Tage der Woche beziehen. In sechs Tagen hat Gott alles geschaffen und am siebten Tag ruhte er von seinem Werk. Sieben meint die ganze Welt, so wie sie von Gott erschaffen wurde. Diese Welt ist gut, aber vergänglich. Und sie kann von den Menschen verdorben werden.

Wenn der Wald sieben Jahre kein Laub getragen hat, so bedeutet das, dass er nach menschlichem Ermessen ganz abgestorben ist.

Das göttliche Kind aber, das Maria durch den Dornwald trägt, weist auf die neue Schöpfung hin. Darauf, dass aus dem Tod etwas ganz Neues entstehen wird. Eine neue Welt, die grösser ist als die erste, wird beginnen. Dieser neue Anfang beginnt am achten Tag. Am achten Tag ist Jesus von den Toten auferstanden. Der Sabbat, das ist der siebte Tag der Woche. Jesus ist am Tag danach auferweckt worden. (Darum feiern wir Christen den Sonntag und nicht den Samstag, d.h. nicht den

Sabbatstag wie die Juden.) Durch die Auferstehung Jesu am achten Tag beginnt die Neuschöpfung der Welt, die anfängt im Herzen von uns Menschen.

Auf diese Neuschöpfung weist das Evangelium hin, das wir heute gehört haben: „Blinde werden sehen und Lahme gehen. Aussätzige werden rein und Taube hören. Tote werden auferweckt werden und Armen wird die frohe Botschaft gebracht.“ (Matthäus 11, 2 - 6) Es wird nicht nur das Alte wiederhergestellt, sondern etwas Neues geschaffen.

Auf dieses Wunder weist die dritte Strophe des Adventsliedes hin: „Da haben die Dornen Rosen getragen, als das Kindlein durch den Wald getragen.“ Ein Wunder, das auch uns verheissen ist, wenn wir dem Göttlichen in uns Raum lassen.

Dieses Wunder der Rosen wird in der Kunst oft dargestellt. Es ist das Bild von Maria im Rosenhag. Oft eine ganz feine Darstellung von Maria mit dem Jesuskind, umgeben von wunderbaren Rosen. – Mir selbst ist die Darstellung von Schongauer in Colmar (Elsass) besonders nahe.

Man soll dieses Bild nicht erklären, sondern es sich vorstellen mit aller Kraft der Phantasie: die Schönheit der Rosen, die verschiedenen Rot- und Rosatöne, der feine Duft, der einen bis ins Innerste erfüllt, die Vögel, die in den Zweigen zwitschern, die Bienlein, die summen – und all das geschieht durch die Lebenskraft, die vom göttlichen Kind herkommt.

Vielleicht ist der Dornenwald ein allzu starkes Bild für unseren Alltag. Und doch gibt es Menschen, die an Hindernissen hängen bleiben, die bluten und nur mit Mühe im Leben vorankommen. Ihr Lebensweg gleicht einem Weg durch den Dornenwald.

Maria hat diesen Weg freiwillig gewählt. Sie wollte Elisabeth helfen. Statt sich um sich selbst zu kümmern, wollte sie ihrer Cousine dienen. Maria, ein Vorbild? Maria zeigt uns einen geistlichen Weg. Von Gott mit Gnaden reich beschenkt setzt sie sich dem mühsamen Alltag aus. - Was bedeutet das für uns?

Maria, die durch die Kraft des Heiligen Geistes das göttliche Kind, Jesus, empfängt, verstehe ich als Symbol. Sie ist ein Vorbild für jeden Menschen, der durch den Heiligen Geist den Glauben, die Hoffnung und die Liebe in seinem Herzen empfängt. – Das ist ja Christus in mir, dass ich glauben, hoffen und lieben kann.

Damit ist das mittlere Bild unseres Liedes angesprochen. „Was trug Maria unter ihrem Herzen? Ein kleines Kindlein ohne Schmerzen." Maria ist das Vorbild für einen Menschen, der mit seinem Glauben, seiner Liebe und seiner Hoffnung hineingeht in den Alltag. Sie stellt sich den Aufgaben und Problemen und vertraut dabei auf Gottes Hilfe.

Vielleicht wird auch Ihnen, liebe Gemeinde, jemand gezeigt, der Ihre Hilfe bräuchte? – So wie Maria die Bedürfnisse von Elisabeth erkannte und zu ihr hinging, so wollen auch wir da hingehen, wo man uns braucht. So kann der Glaube Wunder wirken.

Wunder geschehen! Wunder sind in den Evangelien die Zeichen, dass der Erlöser gekommen ist. „Blinde werden sehen", so heisst es in Matthäus 11, 2 - 6. Vielleicht geschieht es heute im übertragenen Sinne:

Wenn ein Kranker in seiner Not einen Sinn sieht? Wenn jemand in seinem Feind einen Bruder erkennt? Wenn jemand in einem langen Tunnel am Ende ein Licht aufscheinen sieht? Wird da nicht ein Mensch sehend?

Solche kleinen Wunder sind Zeichen von etwas Grossem. – Ich möchte es Ihnen überlassen, liebe Gemeinde, die anderen Bilder auf den Alltag zu übertragen: Lahme gehen, Taube hören, Tote werden auferweckt werden und Armen wird die frohe Botschaft verkündet.

Damit solche kleinen Wunder im Alltag geschehen können, müssen wir uns – mit unserem Glauben, unserer Liebe und unserer Hoffnung – jenen Aufgaben stellen, die Gott uns zuweist. Nun habe ich ein schwieriges Wort gebraucht: müssen. Der Liebesdienst wird uns ja nicht gelingen, wenn wir ihn tun, nur weil wir müssen. Es muss ja von innen her fliessen. Und dazu hilft uns das Adventslied mit seiner Spiritualität.

Es ist ein Wiederholungsgebet. Diese einfachen Verse wollen nicht analysiert und verstanden werden. Diese Verse wollen vielmehr oft und oft wiederholt werden. Dabei lässt man die Bilder ins Gemüt ein. So werden sie zu inneren Bildern, zu Vorbildern und Quellen der Motivation.

Das Wiederholungsgebet kennt die mittelalterliche Tradition in der Form des Rosenkranzes. Eine Besinnung aus dem Rosenkranz-Gebet ist diese: Man betrachtet Jesus, den Maria zu Elisabeth getragen hat. Die Katholiken, die das beten, sagen so: „Gegrüsset seist du, Maria, voll der Gnade. Der Herr ist mit dir. Du bist gebenedeit unter den Frauen und gebendeit ist Frucht deines Leibes, *Jesus, den du zu Elisabeth getragen hast.*" Dieses Gebet wird mehrmals wiederholt.

Wahrscheinlich ist unser Adventslied aus diesem frommen Gebet heraus gewachsen. So erklären sich die Wiederholungen und auch der Bittruf: „Kyrie eleison“, d.h. Herr, erbarme dich! Sowie die Anrufung am Schluss: „Jesus und Maria.“

Das „Kyrie eleison“ und die Anrufung von Jesus und Maria, dass wir also Jesus als den Herrn anrufen und uns unter seinen Schutz stellen, das ist für diese Meditation wichtig. Es geht beim Wiederholungsgebet - oder, wenn man so will, bei dieser Meditation - darum, dass geistige Kräfte in uns wirken dürfen. Dabei ist es wichtig, darauf zu achten, welche Kräfte zur Wirkung kommen sollen, nämlich die des Heiligen Geistes und keine anderen.

Wenn wir nun das Lied singen, so wollen wir bei den Worten: „Kyrie eleison“ und bei „Jesus und Maria“ uns im Gebet wirklich zum Herrn Jesus wenden und uns unter seinen Schutz und sein Erbarmen stellen. Bei den Strophen können wir jeweils beim Bild verweilen, das hervorgerufen wird:

- Maria, die durch einen abgestorbenen Dornenwald geht, um ihrer Cousine zu helfen;
- Maria, umgeben von Dornen, die das göttliche Kind unter ihrem Herzen trägt und aus dieser Kraft heraus lebt;
- Maria mit dem göttlichen Kind, die umgeben ist von wunderbar blühenden Rosen.

Amen.

11. Dezember 2005

Nicht hinnehmen, sondern annehmen

Markus 8, 31 - 34

1. Sonntag der Fastenzeit / Passionszeit

An diesem Sonntag wenden wir den Blick von Weihnachten auf Karfreitag und Ostern. Ich lese aus dem Markusevangelium jene Stelle, wo Jesus zum ersten Mal mit seinen Jüngern darüber spricht, dass er bald leiden, sterben und auferstehen werde.

Wenn Jesus vom Menschensohn spricht, so meint er damit sich selbst.

> „Und er (Jesus) begann sie zu lehren: Der Menschensohn muss vieles erleiden und von den Ältesten und den Hohen Priestern und den Schriftgelehrten verworfen und getötet werden und nach drei Tagen auferstehen. Und er sprach das ganz offen aus. Da nahm ihn Petrus beiseite und fing an, ihm Vorwürfe zu machen. Er aber wandte sich um, blickte auf seine Jünger und fuhr Petrus an: Fort mit dir, Satan, hinter mich! Denn nicht Göttliches, sondern Menschliches hast du im Sinn.
> Und er rief das Volk samt seinen Jüngern herbei und sagte zu ihnen: Wenn einer mir auf meinem Weg folgen will, verleugne er sich und nehme sein Kreuz auf sich, und so folge er mir."
> (Markus 8, 31 - 34)

Der Herr segne sein Wort an uns.

Liebe Gemeinde, der Bildungskurs 55+ endete mit einer schönen Erinnerung an Albert Schweitzer. Im September 1915 wurde der Tropenarzt zu einer Patientin gerufen, die 200 Kilometer stromaufwärts wohnte. In seinen Erinnerungen schreibt er: „Als einzige Fahrgelegenheit fand ich einen gerade in Abfahrt begriffenen kleinen Dampfer (...)." „Langsam krochen wir den Strom hinauf, uns mühsam zwischen den Sandbänken (...) hindurchtastend. Geistesabwesend sass ich auf dem Deck. (Ich arbeitete an einem Buch.) Am Abend des dritten Tages, als wir bei Sonnenuntergang gerade durch eine Herde Nilpferde hindurchfuhren, stand urplötzlich, von mir nicht geahnt und nicht gesucht, das Wort ‚Ehrfurcht vor dem Leben' vor mir." ... „Ich bin Leben, das Leben will, inmitten von Leben, das leben will."

„Ich will leben." Dieses Wort müssen wir von Herzen nachsprechen. Diesen Wunsch müssen wir in uns fühlen und bejahen, sonst sind wir nicht bereit, die herausfordernden Worte Jesu zu hören.

Die Worte Jesu von der Selbstverleugnung können Gift sein für einen Menschen, der eine negative Haltung zu sich selbst eingenommen hat. Wenn jemand dunkle Gedanken hegt und daran denkt, sich selbst das Leben zu nehmen, so soll er sich andere Worte zu Herzen nehmen. Etwa dieses: „Mädchen, ich sage dir, steh' auf!" Oder: „Ich verurteile dich nicht."

„Ich bin Leben, das leben will, inmitten von Leben, das leben will." Diese Ehrfurcht vor dem Leben ist die Voraussetzung dafür, dass wir die Worte und den Weg von Jesus *richtig* verstehen.

„Und er begann sie zu lehren: Der Menschensohn muss vieles erleiden und von den Aeltesten und den Hohen Priestern und den Schriftgelehrten verworfen und getötet werden und nach drei Tagen auferstehen."

Wie kommt das bei Ihnen an?

Denken wir daran, dass Jesus dasselbe noch einmal sagen wird, nämlich am Abend von Ostern. Da werden die Emmausjünger über die Kreuzigung von Jesus enttäuscht und verzweifelt sein. Dann wird Jesus zu ihnen kommen, sie begleiten und sie fragen, was sie so bedrückt. Sie werden es ihm erzählen und dann wird Jesus sagen: „Musste der Gesalbte nicht solches erleiden und so in die Herrlichkeit eingehen?" Und er wird ihnen erklären, was in der Heiligen Schrift über ihn steht. So wird er mit ihnen gehen und sie lehren, bis sie ihn erkennen und sich darüber freuen, dass er auferstanden ist.

So wollen auch wir heute Ausschau halten nach der Auferstehung. Das Leiden und das Kreuz ist nur der Weg der Verwandlung in das Leben.

Als Jesus seine Jünger lehrte, sass er auf einem Stein. Die Jünger sassen oder standen vor ihm und hörten zu. Jesus sagte auswendig eine Stelle aus der Bibel auf und erklärte sie. Er sprach vom Buch der Weisheit, wo es heisst, dass gottlose Menschen sich gegen einen Gerechten zusammentun werden und sagen werden: „Lasst uns dem Gerechten auflauern; denn er ist uns lästig und widersetzt sich unserem Tun und schilt uns, weil wir gegen das Gesetz sündigen, und hält uns vor, dass wir gegen die Zucht verstossen." (Weisheit 2, 12)

Jesus erklärte, dass er selbst, weil er ein gerechter Mensch sei, den Gottlosen ein Stein des Anstosses werde. Er verpasse ihnen ein schlechtes Gewissen und halte ihnen den Spiegel vor, sodass sie ihre Bosheit erkennen müssen. Darum stehen die Gottlosen vor der Entscheidung: Entweder, sie werden sich selbst ändern, oder sie werden versuchen, Jesus wegzuschaffen. „Ihr könnt euch denken, dass einige mich sogar der Folter und dem Tod ausliefern wollen – und sie werden es tun. – Hört aber, was weiter im Buch der Weisheit steht: „Dann wird der Gerechte in grosser Zuversicht dastehen vor denen, die ihn geängstigt haben. Wenn sie ihn dann sehen, werden sie in Furcht und Schrecken geraten und ausser sich sein über seine Rettung, die sie nicht erwartet hatten; sie werden voller Reue untereinander sprechen und in Herzensangst seufzen: „Das ist der, über den wir früher gelacht und gespottet haben, wir Narren!“ Da steht es, der Menschensohn – ihr wisst, wen ich damit meine – wird nach drei Tagen auferstehen – und die Gottlosen werden ihre Bosheit bereuen.“ (Vgl. Weisheit 5, 1ff)

Jesus war ein mutiger Mensch. Er glaubte fest, dass sein Gang zum erfüllten Leben mit Gott durch nichts behindert werden könne. Auch wenn er leiden und sterben müsse, so werde er dennoch verherrlicht werden.

Die Entscheidung, den Weg weiter zu gehen, fiel Jesus aber nicht leicht. Wer würde ihn verstehen? Wer würde mit ihm gehen? Wird er nicht am Ende doch alleine dastehen, von allen Freunden verleugnet und verlassen?

In diesem heiklen Moment versuchte der Satan, Jesus von seinem Weg abzubringen. Durch den Mund des wohlmeinenden Petrus sagte er zu

Jesus: „Gott bewahre, du wirst doch nicht leiden müssen, du, der Sohn Gottes!“ – Aber Jesus sah klar. Er blieb auf seinem Weg, der ihn zum Kreuz führen würde.

Eine ergreifende Szene. Ja, die Versuchung, unserer Berufung auszuweichen, kann durch den gut gemeinten Rat eines Freundes kommen!

Und doch brauchen wir den Rat von guten Freunden. Aber diese Stimme darf die Stimme des eigenen Gewissens nicht übertönen. Ein guter Freund sollte so raten, dass man dadurch die eigene, innere Stimme umso deutlicher vernimmt. Ein Student erzählte ein Beispiel, wie er gelungene Seelsorge erlebte: „Ich war unschlüssig, welche Studienrichtung ich wählen sollte. Da fragte ich einen Onkel um Rat. Wir sprachen miteinander und nach einer guten Stunde wusste ich, was *ich* wollte.“

Petrus riet das Gegenteil von dem, was Jesus innerlich spürte. Es war für ihn ja auch nicht leicht, anzunehmen, dass sein geliebter Meister gefoltert werden würde! – So kann es auch uns gehen, wenn wir nahestehenden Personen einen guten Rat geben möchten. Manchmal gehen wir mehr von uns selbst aus als von dem, was Gott für den anderen vorgesehen hat.

Jesus aber widerstand der Versuchung und wandte sich in grosser Klarheit an die Leute: „Wenn einer mir auf meinem Weg folgen will...“ - Die folgende Aussage gilt also nicht für alle Menschen, sondern speziell für diejenigen, die mit Jesus auf seinem Weg weiter gehen wollen.

Die anderen Menschen hat Jesus nicht verurteilt. Er hat sie gesegnet, alle die Menschen, die er getröstet und geheilt, frei gemacht und aufgerichtet hat, und die dann in ihrem Dorf, in ihrer Familie und in ihrem Beruf geblieben sind.

Diejenigen aber, die mit ihm weiterzugehen bereit waren, die wollte er einführen in das tiefere Geheimnis des Glaubens: in das Leben aus der Kraft der Auferstehung, welche den Tod in das Leben hinein verwandelt.

„Wenn einer mir auf meinem Weg folgen will, verleugne er sich und nehme sein Kreuz auf sich, und so folge er mir nach." Sein Kreuz wählt man nicht selbst. Sein Kreuz nimmt man an, wenn Gott es einem zumutet und in dem Mass, wie Gott es einem zumutet. Jesus wählte nicht selbst den Weg ans Kreuz, sondern sagte: „Vater, lass diesen Kelch an mir vorüber gehen!" Aber als Jesus einsah, dass Gott ihm das Kreuz zu tragen gab, da nahm er es tapfer an.

Was heisst es, das Kreuz auf sich nehmen? Das Kreuz meint ein Leiden, das Gott uns zumutet. Ein solches Leiden trägt die Verheissung der Auferstehung in sich. Es bewirkt eine Wandlung, durch die wir mehr Anteil bekommen am geistlichen, am ewigen Leben.

Ich will einige Beispiele suchen. Für jemand war das Kreuz eine Todesnot. In dieser Not lernte er beten.

Jemand anderes erzählte mir, er habe im Spitalzimmer auf einmal die Gegenwart von Jesus Christus gespürt. „Jesus legte seine Hand auf meine Wunde, und es ging mir wieder besser." Für diese Person war die Krankheit ihr Kreuz, das sie in eine tiefere Verbindung mit Gott brachte.

Jemand anderes wurde durch ein Unrecht, das er in der Kindheit erlitt, seelisch in eine solche Unruhe versetzt, dass er lange Jahre intensiv nach Gott suchte. Und er suchte ihn, bis er ihn gefunden hatte. So war dieses ungerechte Leiden sein Kreuz.

Eine Frau entwickelte durch die Begleitung eines Kranken bis zum Tod ein solches Verständnis und Mitgefühl mit Trauernden, dass sie danach viele Menschen trösten konnte. Das Leiden eines nahestehenden Menschen, das uns Kummer bereitet, kann unser Kreuz sein.

Was alle diese Menschen gemeinsam haben: Sie haben das Leiden nicht hingenommen, sondern sie haben es angenommen. Ein Leiden bewusst annehmen ist die Voraussetzung dafür, dass wir es ertragen können und dass wir wieder genesen. Wir fühlen uns dann nicht hilflos ausgeliefert. Wir können hoffen, dass wir die Kraft erhalten, um die schwere Zeit zu bestehen. Und wir können erwarten, dass wir einmal den Sinn unserer Not erkennen.

Ein Kreuz „nicht hinnehmen, sondern annehmen."[5]

Liebe Gemeinde, die kommende Passionszeit ist eine Gelegenheit, um ein Leiden, das Sie betrifft, bewusster anzunehmen. Es kann eine Trauer sein, ein Kummer, eine Krankheit, eine Belastung, eine Ungerechtigkeit...

Das Kreuz annehmen, das tun wir am besten, indem wir es vor Gott bringen. Indem wir Gott um Hilfe bitten im Blick auf dieses Leiden. Indem

---

[5] Zitat aus dem Bilderzyklus „Durchkreuzt" von Hetty Krist, Frankfurt am Main

wir Gott bitten, dass er sein Licht darauf scheinen lasse, um es zu verändern – oder um unsere Sicht darauf zu verändern.

Das Annehmen eines Kreuzes ist immer ein inneres Ringen mit Gott, mit dem Schicksal, mit sich selbst – und manchmal mühsame Arbeit. Doch es lohnt sich.

Wenn wir ein unabwendbares Leiden im Glauben annehmen, so bekommen wir Anteil an der geistlichen Kraft, die den Tod in das Leben hineinverwandelt und das Leiden in Glückseligkeit.

Wir wollen leben, das ist das Erste. Auch Jesus wollte leben, und deshalb gab er sich nicht zufrieden mit dem vergänglichen Leben, sondern strebte nach dem unvergänglichen. In dieser Ausrichtung konnte er und können auch wir ein Leiden annehmen, denn das Leiden kann das Leben nicht zerstören, sondern nur das vergängliche in das unvergängliche, selige Leben hinein verwandeln.

Amen.

3. Februar 2008

Das Gute fordert den Widerstand des Bösen heraus.

Jeremia 20, 7 - 9

Fastenzeit / Passionszeit

Jeremia war ein Prophet. Er war beauftragt von Gott, den Israeliten ihre Schuld vorzuwerfen. Keine leichte Aufgabe!

Stellen Sie sich vor: Gott befahl ihm: „Nimm einen Tonkrug und geh zum Tor der Stadt, dort, wo die Männer sich versammeln. Steh hin, schmeisse den Krug auf die Erde und sage: So spricht der Herr der Mächte: So werde ich dieses Volk und diese Stadt zerschmettern, wie man einen Tonkrug zerschmettert, sodass man ihn nicht mehr flicken kann." (Vgl. Jeremia 19)

Und was geschah, als Jeremia diesen Auftrag ausgeführt hatte? Der Chef der Tempelpolizei liess ihn verhaften. Er liess ihn auspeitschen und an den Pranger stellen. Da blieb Jeremia einen Tag und eine Nacht dem Gelächter und Gespött der Menschen ausgesetzt!

Als Jeremia wieder frei war, beklagte er sich heftig bei Gott. Seine Klage ist der heutige Predigttext: Jeremia 20, 7 - 9.

> „Du hast mich betört, o Herr,
> und ich habe mich betören lassen;
> du bist mit Gewalt über mich gekommen

und hast mich besiegt.
Ich bin zum Gelächter geworden den ganzen Tag,
jeder spottet meiner.

Sooft ich rede, muss ich aufschreien;
„Unrecht! Gewalttat!“ muss ich rufen.
Ja, das Wort des Herrn ist mir zur Schmach geworden
und zum Hohn den ganzen Tag.

Sage ich mir aber: „Ich will seiner nicht mehr gedenken,
will nicht mehr reden in seinem Namen“,
dann wird es in meinem Herzen wie brennendes Feuer,
das in meinem Gebein eingeschlossen ist.
Ich mühe mich ab, es zu tragen,
aber ich vermag es nicht.“

Der Herr segne sein Wort an uns.

„Du hast mich betört.“ – Jeremia fühlt sich betrogen von Gott. Gott, du hast mich verlockt und hereingelegt. Nun stehe ich dumm da. Gott, du hast mich verführt, wie ein treuloser Mann ein Mädchen verführt und dann sitzen lässt! Gott, „du bist mit Gewalt über mich gekommen.“ – Wie ein Boxer bist du gegen mich angetreten und hast mich geschlagen.

Das sind harte Worte gegen Gott, doch es ist in der jüdischen Gebetstradition üblich, mit Gott zu streiten. Gott anklagen, ihn herausfordern, das gehört zur lebendigen Beziehung mit Gott. Es ist die Kehrseite der leidenschaftlichen Liebe. Nur durch solche Auseinandersetzungen hindurch bewährt sich der Glaube an Gott.

Das ist ähnlich in einer Ehe, sagt doch ein Sprichwort: „Wenn sie sich gestritten hätten, so liebten sie sich noch."

Die Anklage, das Streiten mit Gott ist Ausdruck der intensiven und leidenschaftlichen Beziehung zwischen Jeremia und seinem Gott. – Dazu gehört das Leiden an Gott, ebenso wie Gott leidet, wenn Menschen, die zu Gott gehören, die seine Kinder sind, ihn verlassen.

„Ich bin zum Gelächter geworden den ganzen Tag, jeder verspottet mich." Nach dieser Anklage kann Jeremia aussprechen, was ihn so sehr bedrückt. „Sooft ich rede, muss ich aufschreien. „Unrecht! Gewalttat!", muss ich rufen."

Im Auftrag Gottes muss Jeremia Schuld aufdecken. Wir haben gehört, wie dramatisch er dabei vorging. – Schuld aufdecken: dass das schwierig ist, erleben wir auch heute, vielleicht besonders heute. Ich habe folgendes gehört: Eine Ehefrau und Mutter verliebte sich in einen anderen Mann und reichte die Scheidung ein. Ein Unbeteiligter, dem die Konsequenzen dieses Schrittes für die Kinder und für den zurückgelassenen Ehemann bedenklich erschienen, fragte: „Macht sie sich damit nicht schuldig?" - „Von Schuld spricht man heute nicht mehr," war die Antwort.

Es ist heute nicht mehr zeitgemäss, von Schuld und Verantwortung zu sprechen. Wie muss es da jemandem gehen, der sich, ähnlich wie Jeremia, innerlich dazu gedrängt fühlt, für die Gerechtigkeit einzutreten und die Wahrheit auszusprechen?

Jeremia jedenfalls litt sehr darunter, dass er die Schuld seiner Mitmenschen aufdecken und sie anklagen musste. Die Feindschaft, die er sich zuzog, machte ihm Mühe.

Aber musste er denn wirklich? – Das fragte er sich selbst auch. „Ich will es einfach vergessen. Ich will nicht mehr hinsehen. Ich will einfach schweigen", versuchte er sich einzureden.

Viele Menschen *können* schweigen. Sie betäuben ihre Sinne mit etwas Alkohol. Sie stumpfen ihre Gefühle ab, indem sie sich berieseln lassen von vielen angenehmen Dingen. Sie lullen sich ein in eine Lebenslüge. Sie sagen sich: „Ich habe keine Zeit, mich um andere zu kümmern. Man kann ja doch nichts machen. Es muss jeder für sich selber sehen. Jeder geht seinen eigenen Weg." - Aber Jeremia spürte deutlich: „Ich kann nicht schweigen. Wenn ich schweige, so brennt und schmerzt es in meinen Gliedern." Er fühlte sein „feu sacré", das man nicht auslöschen kann, es sei denn um den Preis seines Lebens. Und, sehr interessant, sagte er: „Es ist, wie wenn ein Feuer eingeschlossen wäre in meinem Gebein." – Sprach er von einer Entzündung seiner Knochen? – Jedenfalls beobachtete er, dass es zu einer körperlichen Erkrankung führen kann, wenn jemand seinen inneren, seelischen Auftrag nicht erfüllt.

Eine ähnliche Erfahrung machte ein Photograph, Hans Peter Klauser.[6] Er erzählt, wie er Photograph wurde. Als Jugendlicher verspürte er ein leidenschaftliches Interesse an der Optik. Aus Vernunftsgründen aber ging er studieren an die ETH. Da überfiel ihn aus heiterem Himmel eine rätselhafte Gesundheitsstörung. Über merkwürdige Symptome wie Seh-

[6] Vom Staunen erzählen, Hans Peter Klauser, 1999, S. 17f

Störungen entwickelte sich eine halbseitige Lähmung. Man dachte an multiple Sklerose. Nach einer langen Zeit der Krankheit ging es ihm wieder so gut, dass er wieder photographieren konnte. Da setzte eine ganz erstaunliche Heilung ein. Die Heilung wurde seiner neuen Tätigkeit zugeschrieben. Man riet ihm darum, das Photographieren zu seinem Beruf zu machen.

Das innere Gedrängt-und-gezogen-Werden, das gibt es im künstlerischen, im religiösen und im humanitären Bereich. Es ist stärker als die eigene Vernunft. Stärker auch als der eigene Wille zur Selbstbehauptung. Dieses innere Gedrängt-Werden führt zu einer tiefen Hingabe, zu dem, was wir in der Religion eine Berufung nennen.

Jeremia ist nicht nur am Anfang berufen worden. Immer wieder spürte er, dass er seinen Auftrag ausführen *muss*, ob es ihm nun Freude oder Leiden brachte.

Von einer anderen Berufung will ich erzählen. Von Henry Dunant. Er ist bekannt dafür, dass er das Rote Kreuz gegründet hat. Wer aber kennt sein Leiden? Wer versteht sein Schicksal?

Henry Dunants Berufung geschah auf dem Schlachtfeld von Solferino. Er wollte eigentlich den Kaiser Napoleon III treffen, um von ihm eine Konzession für seine Mühlen in Algerien zu erbitten. Dunant hatte in Algerien ein Unternehmen aufgebaut, aber ohne die nötige Konzession der französischen Kolonialherren war er vom Konkurs bedroht.

Nun, in Solferino angekommen, wo Napoleon III seine Truppen anführte, fand er am Tag nach der Schlacht Zehntausende von Verwundeten auf dem Schlachtfeld liegen und leiden. Die Armeen waren weitergezogen. Einige Bauern waren damit beauftragt worden, die Toten zu begraben. Sie warfen aber auch noch lebende Schwerverletzte in die Gruben, denn es war ohnehin niemand da, der sie hätte pflegen können... Von Grauen und Mitleid entsetzt und hingerissen griff Henry Dunant überall zu, wo er konnte. Er rief die Bevölkerung auf zu helfen, gab zu Trinken, machte Verbände und spendete Trost, bis er selbst ganz erschöpft war.

Zurück in Genf erfand und entwickelte er den Gedanken des Roten Kreuzes. Er setzte seine ganze Kraft und alle seine Zeit dafür ein, um diese Idee zu verwirklichen. Mit ungeheuerem Elan überzeugte er die europäischen Herrscher von seinem Projekt; oft, indem er die vornehmen Damen bei ihrem Mitleid packte. Er hatte Erfolg, wie wir wissen. Das Rote Kreuz ist aus der heutigen Welt nicht mehr wegzudenken.

Inzwischen aber waren seine Unternehmungen in Algerien lahmgelegt. Nun begannen die Gläubiger, bei Dunant an die Türe zu klopfen. Sie forderten die grossen Kredite zurück, die Dunant bei den Genfer Banken aufgenommen hatte. Aber Dunants Taschen waren leer.

Henry Dunant war konkurs. Im calvinistischen Genf bedeutete das noch mehr, als ein Sozialfall zu werden. Dunant wurde auch religiös geächtet, denn wer wirtschaftlich so schlecht dasteht, den hat auch Gott verworfen, dachten dort viele. – So wurde Dunant aus der Stadt Genf verbannt und aus dem Komitee des Roten Kreuzes ausgeschlossen. Dunant zog als gebrochener und verarmter Mann zwanzig Jahre lang durch Europa und vereinsamte schliesslich in einem Kurhotel in Heiden.

„Du hast mich betört, o Herr, und ich habe mich betören lassen; Du bist mit Gewalt über mich gekommen und hast mich besiegt.“

Ich weiss nicht, ob Henry Dunant noch die Kraft hatte, so leidenschaftlich zu Gott zu schreien, oder ob er unter der Last seines Auftrags zerbrochen war.

Und wir? Liebe Gemeinde, wir sind natürlich nicht so ausserordentliche Persönlichkeiten wie Jeremia oder Henry Dunant, aber auch in unserem Leben gibt es im kleineren Rahmen ähnliche Erfahrungen. Jeder und jede von hat etwas von einem berufenen Propheten!

Wer engagiert sich freiwillig für eine gute Sache? (Sie brauchen nicht aufzustrecken!) – Waren Sie nicht auch schon mal enttäuscht und frustriert, sodass Sie sich gefragt haben: „Bin ich eigentlich blöd? Die anderen machen es sich gemütlich und ich arbeite hier Stunde um Stunde für Gotteslohn – und keiner sagt mir je danke?“

Haben Sie schon einmal versucht einzugreifen, als ein Unrecht geschah? Da kann man ganz schön ins Messer laufen! – Was jemand aushalten muss, der sich für eine gerechte Sache exponiert, damit kann man ganze Krimis füllen! Denken Sie nur an Martin Luther King, der ermordet wurde. Denken Sie an das Attentat auf den Papst Johannes Paul II. Und auch der friedliche Dalai Lama kann sich nicht ohne seine Leibgarde bewegen!

Warum eigentlich? Die Antwort ist vielleicht zu einfach. Aber die Wahrheit ist ja oft einfach. Das Gute, wenn es realisiert wird, fordert immer den Widerstand des Bösen heraus.

Darum muss jeder, der Gutes tun will, damit rechnen, dass er Opfer von Anschlägen und von Verfolgungen wird. Ich glaube, das war schon immer so und es wird auch immer so bleiben.

Wer Gutes tun will, muss sich also auf Auseinandersetzungen gefasst machen. Darum gebe ich heute ausnahmsweise einen Rat: Es ist wichtig, von Anfang an drei Dinge zu beachten, wenn man eine Berufung annimmt. Das Erste ist, dass man sich nicht alleine auf den Weg macht, sondern gemeinsam mit Brüdern und Schwestern, die einen verstehen und unterstützen. Sonst hat man keine Chance. Man muss sich austauschen können, sich trösten, sich ermutigen. Alleine hat man kaum eine Chance, mit seinen Anliegen durchzukommen.

Zweitens brauchen wir in dieser Auseinandersetzung die Beziehung zu Gott. Im Unservater beten wir: „Erlöse uns von dem Bösen!“ Diese Bitte wird uns helfen. Denn letztlich muss Gott für uns streiten, wenn der Widerstand gegen das Gute uns angreift. „Mit unsrer Macht ist nichts getan, wir sind gar bald verloren“, dichtete Martin Luther. „Es streitet für uns der rechte Mann, den Gott selbst hat erkoren. Fragst du, wer der ist? Er heisst Jesus Christ.“ (RG 32)

Und das Dritte: Bleiben wir selbstkritisch! Wenn wir sehr überzeugt sind von einer Sache, wenn wir uns innerlich gedrängt und gezogen fühlen, einen bestimmten Weg zu gehen, etwas Gutes zu tun, so kommen die Schwierigkeiten nicht nur von aussen. Sie lauern auch im Inneren.

Wir stehen dann vielleicht in der Versuchung, zuviel zu wollen. Oder es kann sein, dass wir das, was wir von Gottes Willen erkannt haben, mit dem eigenen Ego verknüpfen. Das heisst, wir versuchen unbewusst, den Willen Gottes im eigenen Interesse zu verwirklichen. So kann es dazu kommen, dass ein religiös engagierter Mensch überheblich und stur wird. Er will keine Kritik hören. Er ist zutiefst beleidigt, wenn jemand seine Entscheidungen anzweifelt. Er steht in der Gefahr, fanatisch zu werden.

So sehr ich Henry Dunant schätze, frage ich mich manchmal, ob er in seinem Einsatz für seine Idee nicht zu einseitig geworden ist. Wäre es nicht heilsam gewesen für ihn, wenn ihm ein guter Freund, ein Pfarrer oder eine Ehefrau (er war nicht verheiratet) gesagt hätte: Du musst das Mass im Auge behalten. Du darfst den Bogen nicht überspannen! – Ich glaube, dass jeder, der eine grosse Herausforderung annimmt, ein kritisches Gegenüber braucht.

In der Wirtschaft spricht man heute von einem sparring partner. Der Ausdruck kommt vom Boxen und meint jemanden, der mit einem boxt als Teil des Trainings. So braucht der Manager jemanden, der mit ihm seine Vorhaben und Entscheidungen kritisch prüft.

Diese drei Dinge scheinen mir wichtig: Erstens, dass wir uns nicht alleine auf den Weg machen, wenn wir eine Berufung annehmen, sondern gemeinsam mit Brüdern und Schwestern, mit denen wir uns austauschen und uns gegenseitig trösten können. Zweitens, dass wir uns in unseren Auseinandersetzungen auf Gott verlassen. Und, drittens, dass wir ein kritisches Gegenüber akzeptieren, sodass wir auch im Guten das rechte Mass einhalten.

Dann aber wollen wir mutig zu dem stehen, was uns ganz persönlich am Herzen liegt. Ich möchte Sie ermutigen, zu Ihren eigenen Überzeugungen zu stehen. Dass Sie die Wahrheit sagen, wenn es Zeit ist. Dass Sie das Gute tun, soweit es hilft. Dass Sie Nächstenliebe üben, wo Not ist. Dass Sie Ihren persönlichen Auftrag von Gott annehmen!

Damit werden Sie vielleicht keinen Dank ernten, denn Undank ist der Welt Lohn. Sie werden vielleicht ganz unerwarteten Widerständen begegnen. Man wird Sie belächeln, angreifen oder schlecht über Sie reden.

Doch dann verzweifeln Sie nicht! Halten Sie sich vielmehr an die Worte Jesu aus der Bergpredigt, die so verheissungsvoll sind: „Selig seid ihr, wenn sie euch schmähen und verfolgen, den guten Namen euch rauben um meinetwillen. Freuet euch, jubelt vor Freude, denn euer Lohn im Himmel wird gross sein." (Matthäus 5, 11 – 12)

Der Lohn im Himmel, damit ist die Kraft der Auferstehung gemeint, die uns jeden Tag aufstehen lässt, sodass wir dankbar sagen können: „All Morgen ist ganz frisch und neu des Herren Gnad und grosse Treu."

Amen.

Gebet nach der Predigt

Blaise Pascal sagte einmal: „Es ist nicht auszudenken, was Gott aus den Bruchstücken unseres Lebens machen kann, wenn wir sie ihm ganz überlassen."

Gott, du bist wie ein Töpfer, der aus den Scherben unseres Lebens
einen neuen und viel schöneren Krug machen kann.
In Jesus Christus heilst du die, die zerbrochenen Herzens sind.
Du richtest die Gebeugten auf und machst die Betrübten froh.

So bitten wir dich für Menschen,
die schwer tragen an der Last ihres Lebens.
Gib ihnen Kraft.
Wir bitten dich für Menschen,
die von einem Schicksalsschlag hart getroffen sind.
Spende ihnen Trost.
Wir bitten dich für Menschen,
die durch ihren Beruf an die Grenzen ihrer körperlichen
und seelischen Kräfte kommen.
Verleihe ihnen die Kraft der Auferstehung.

Amen.

11. März 2007

Schmerz verwandelt sich in Liebe, wo wir ihn annehmen.

(Karin Johne)

Römerbrief 5, 1 - 5
Fastenzeit / Passionszeit

Gute Frucht bringen. Darum geht es. Nicht darum, ob du viel leistest. Nicht darum, ob du dir Zeit nimmst für das Geniessen. Nicht darum, ob du deine Ziele erreichst, geht es, sondern darum, ob dein Dienst Frucht trägt.

Die Frucht eines christlichen Lebens zeigt sich insbesondere daran, ob du deinen Nächsten liebst wie dich selbst. Aus diesem Grund haben wir letzte Woche das Brot-für-alle-Projekt vorgestellt und Geld gesammelt für Menschen in Haiti, die es zum Überleben brauchen. Aus diesem Grund werden wir, auch im Rahmen der Passionszeit, in zwei Wochen Rosen verkaufen. Mit Notleidenden zu teilen, ist eine gute Frucht der Menschenfreundlichkeit.

Die Früchte des Glaubens zeigen sich aber nicht nur im aktiven Tun, sondern auch in der Art, wie wir es aushalten, dass wir nichts mehr tun können, im Leiden.

Darum geht es nun in der heutigen Predigt. Im Predigttext heisst es: „Wir wissen, dass die Trübsal Geduld wirkt, die Geduld aber Bewährung, die Bewährung aber Hoffnung." – Auch das sind Früchte des Glaubens.

Übersetzung der Zürcher Bibel 1942	**Erklärende Übertragung von A. Steiner**
Da wir nun aus Glauben gerecht gesprochen worden sind,	Ich bin in Ordnung gebracht worden, ohne dass ich etwas dafür getan hätte. Ich habe nur der Liebe vertraut.
haben wir Frieden mit Gott durch unsern Herrn Jesus Christus,	Darum lebe ich nun in einem guten, reinen Verhältnis zur Urkraft des Alls, durch Jesus Christus, dem ich angehöre.
durch den wir (kraft des Glaubens) auch den Zutritt erlangt haben zu dieser Gnade, in der wir stehen,	Durch Jesus Christus habe ich auch den Zugang gefunden zum neuen Sein, das heisst zur neuen Aufgabe, für die Gott mir die Kraft verleiht.
und wir rühmen uns der Hoffnung auf die Herrlichkeit Gottes.	In diesem Dienst lobe ich mir das grosse, strahlende Licht. Ich sehe es schon aufscheinen. In diesem Licht werde ich leben. Schon jetzt empfinde ich die heilsame Energie seiner Strahlen.
Aber nicht nur das, sondern wir rühmen uns auch der Trübsale, da wir wissen, dass die Trübsal Geduld wirkt, die Geduld aber Bewährung, die Bewährung aber Hoffnung;	Ich lobe mir aber auch die düsteren Zeiten. In diesen schweren Erfahrungen wächst meine Leidensfähigkeit. Meine Illusionen zerbrechen und ich spüre deutlicher, was mich wirklich trägt. Indem ich mich darauf mehr und mehr einlasse, wächst meine Zuversicht. Ich sehne mich nach der Zeit, wo dieses Tragende einmal alles in allem sein wird.
die Hoffnung aber lässt nicht zuschanden werden, weil die Liebe Gottes ausgegossen ist in unsere Herzen durch den Heiligen Geist, der uns gegeben worden ist.	Diese Zuversicht erhält mich am Leben. Die innige Verbindung zur Urkraft des Alls ist mir ins Herz gelegt worden. Sie ist mir durch den Heiligen Geist geschenkt worden.

Dieser Paulustext, Römer 5, 1 - 5, ist ziemlich schwierig, aber er ist sehr wertvoll. Darum habe ich ihn für Sie kopiert und dazu eine erklärende Übertragung in eigenen Worten verfasst.

Die Zürcher Bibel hält sich möglichst genau an den Urtext. In der Übertragung habe ich versucht, alle Begriffe durch andere Wörter und Bilder wiederzugeben. Den Namen Jesus Christus habe ich gelassen, da es ja ein Name ist. Paulus spricht von sich oft mit „wir". So habe ich das „wir" durch das „ich" des Paulus ersetzt. Statt Gott habe ich geschrieben „Urkraft des Alls", denn wenn ich Gott sage, so meine ich diese Urkraft der Schöpfung. Meine Übertragung soll aber nicht den Bibeltext ersetzen, sondern ihn nur deuten.

Liebe Gemeinde, Glaube, Hoffnung und Liebe bleiben in Ewigkeit, sagt Paulus an anderer Stelle. Hier sagt er, was unter diesen drei Gaben zu verstehen ist. Im ersten Abschnitt spricht er vom Glauben, im mittleren von der Hoffnung und im letzten Vers, sowie in den folgenden, von der Liebe Gottes.

Was meint der Glaube? Es geht hier nicht um ein Für-wahr-Halten, sondern um eine gute Beziehung zu Gott. – Vergangene Woche fragte jemand: „Was ist denn los in der Schweiz?" Es geht uns so gut, aber wir haben eine hohe Selbstmordrate! In einem anderen Gespräch sagt eine junge Frau: „Als ich im Dokumentarfilm gesehen habe, wie man in Hühnerfabriken Pouletschenkel züchtet, hat es mir den Magen umgedreht. Ich kann nun kein Pouletfleisch mehr essen." – Das sind nur zwei Beispiele von vielen, die zeigen: Der Mensch lebt irgendwie in einem verkehrten Verhältnis zur Schöpfung. Der Mensch lebt heute in einem verkehrten Verhältnis zum Leben! Und es liegt auch etwas Zerstörerisches in seinem Verhältnis zu sich selbst.

Es gibt zum Glück viele Versuche, die Natur zu schonen, die Menschenrechte zu schützen, Menschen zu achten, ja es gibt sehr viele Versuche, wieder mit sich selbst in Harmonie zu leben.

Das ist gut. Doch mir scheint, dass alle diese Bestrebungen zu kurz greifen, wenn sie nicht in einem guten und reinen Verhältnis zur Urkraft des Lebens verankert sind. Wenn sie, um es deutlicher zu sagen, nicht in einem guten Verhältnis zu Gott gründen.

Hier ist die ordnende Mitte. Hier ist die heilsame Kraft. Hier ist die Liebe, die uns dazu befreit, alles Leben zu achten und zu lieben. Auf diese Mitte weist uns Jesus Christus hin. Mehr noch: Jesus Christus bringt uns in Verbindung mit dieser Urkraft des Lebens.

Ich könnte nun Beispiele erzählen von Heilungen, vom neuen Leben der Menschen, die eben diese Verbindung, den Glauben an Gott, gefunden haben. Ich möchte aber von etwas anderem sprechen. Ich mache regelmässig die Erfahrung, dass sich etwas verändert, wenn ich innerlich zu beten beginne. Mitten in einem Gespräch zum Beispiel merke ich: Ich bin blockiert. Weiss nicht mehr weiter. Fühle mich gestresst. Dann sage ich im Herzen: „Jesus Christus, Herr, Gottes Sohn, erbarme dich!“ Beim Einatmen: „Jesus Christus.“ Beim Ausatmen: „Herr, Gottes Sohn, erbarme dich.“ Dabei entsteht eine Stille. Es kommt ein neues Gefühl auf. Manchmal fällt mir ein hilfreiches Wort ein, und das Gespräch läuft wieder weiter, oft auf einer tieferen Ebene.

Wie soll man das erklären? Ich kann es nicht anders sagen als so: Gott wirkt durch den Heiligen Geist, wenn man ihn nur von Herzen bittet und dem Namen Jesus vertraut.

So sind schon viele Probleme gelöst worden, die manche teure Therapie überflüssig gemacht haben!

Nun zur Hoffnung. Wer zu dieser ordnenden Mitte ein gutes Verhältnis gefunden hat, der bekommt Hoffnung. Hoffnung haben wir bitter nötig. Hoffnung ist es ja, was uns vor allem fehlt in der Schweiz. Viele Schweizer können sich nicht vorstellen, dass es ihnen noch besser gehen könnte. Es geht ihnen ja materiell so gut und gegen Notfälle sind sie so gut versichert, dass es ihnen kaum besser gehen könnte. Also haben sie Angst, dass es ihnen schlechter gehen könnte, so wie in vielen anderen Ländern. Statt Hoffnung haben sie Angst vor der Zukunft. Dabei geht es ihnen ja nur äusserlich so gut. Im Herzen sind viele Menschen bei uns einsam und elend. Könnten die Schweizer nicht offener und fröhlicher sein? Im Lied „Blos e chliini Stadt“ heisst es ja so schön: „Gohts im Städtli uusnahmswiis fidel und luschtig zue, so sind's bim Nöcherluege sicher d Italiener!“ Wenn die Schweizer nur die Hoffnung hätten, dass es ihnen im Herzen besser gehen könnte, so ginge es ihnen auch schon besser!

Mit der Hoffnung ist es ja wie mit der Märzensonne. Wir spüren schon ihre Kraft und Wärme, aber bis sie den Frühling zum Blühen bringt, müssen wir noch etwas warten, und bis die Sonne den Sommer zur Reife bringt, da müssen wir noch Geduld haben.

So ist es auch mit Gott und seinem Reich: Wir sehen schon viele verheissungsvolle Zeichen. Da findet ein verbitterter Mann neue Freude, da versöhnt sich ein Ehepaar, da schafft ein Künstler ein vollendetes Kunstwerk, doch bis wirklich Friede ist auf der Welt, da müssen wir noch warten können.

Wie aber bekommen wir Hoffnung? Kürzlich habe ich in einer Abdankung den schönen Vers zitiert: „Hoffe auf Gott, er wird's wohl machen." Dabei bekam ich einen Zweifel. Hoffnung kann man doch nicht befehlen! Hoffnung muss im Herzen wachsen, oder sie ist nicht.

Dazu spricht Paulus diese tief erfahrenen, ja durchlittenen Gedanken aus: „Ich lobe mir aber auch die düsteren Zeiten. In diesen schweren Erfahrungen wächst meine Leidensfähigkeit. Meine Illusionen zerbrechen und ich spüre deutlicher, was mich wirklich trägt. Indem ich mich darauf mehr und mehr einlasse, wächst meine Zuversicht."

Die Hoffnung kann da wachsen, wo Illusionen zerbrechen. – Ich weiss, dass ist sehr hart. Ich denke an Menschen, die eine schlimme Enttäuschung erlebt haben. Doch wir sind hier mitten im Zentrum unseres Glaubens, beim Geheimnis von Kreuz und Auferstehung.

Gibt es einen schlimmeren Zusammenbruch von Hoffnungen als die Kreuzigung Jesu aus der Sicht seiner Jünger? Und doch sind diese Frauen und Männer zu Zeugen einer Hoffnung geworden, die sie beflügelt hat. Einer Hoffnung, welche die Welt verwandelte!

Der Hoffnung auf Gottes strahlendes Licht entspricht die Liebe, die Liebe Gottes. - Erfüllte Liebe meint eine innige Verbindung, in welcher Geben und Nehmen eins werden. Wenn ich aus Liebe etwas schenke, so weiss ich nicht, ob ich eigentlich empfange, und wenn ich in Liebe etwas empfange, so weiss ich nicht, ob ich eigentlich etwas hingebe.

Wie nun wächst die Liebe? – Stellen Sie sich eine Öllampe vor, deren Flamme man kleiner oder grösser stellen kann... Die Liebe ist diese Flamme.

Erinnern Sie sich nun an Schmerzen, Nöte und Dunkelheiten Ihres Lebens, die Sie annehmen konnten... Diese sind das Öl, das die Flamme der Liebe speist. ... Schmerz kann sich in Liebe verwandeln.

Vergegenwärtigen Sie sich das Leid anderer Menschen... Öffnen Sie sich liebend für dieses Leid. So kann es zum Strom werden, der das Öl nachfliessen lässt... Schmerz verwandelt sich in Liebe, wo wir ihn annehmen.[7]

Nun aber bleiben Glaube, Hoffnung und Liebe, diese drei. Am grössten aber unter ihnen ist die Liebe.

Amen.

12. März 2006

---

[7]Vgl. Karin Johne, Dein Wort wird mich verwandeln, Herder, 1991, S. 223

Ruinen von Kirchen

Begegnung mit dem Islam

Matthäus 5, 1 - 10

Reformationssonntag

Ruinen von Kirchen. Wenn jemand mit kulturellem Interesse in die Türkei reist, wird er dort die Überreste der einst so grossen und wichtigen christlichen Stätten besuchen. In Ephesus, in Kolossä, im einstigen Galatien: Da, wo der Apostel Paulus selbst das Evangelium verbreitet hat, standen einst grosse Kirchen. Da blühten christliche Gemeinden. Da lebte die Freude und trug die Hoffnung. Heute sieht man dort noch ein paar Grundmauern. Die Kirchen sind zerfallen. Die Gemeinden sind zerstreut und verschwunden.

Ich erzähle dies, weil wir in der Erwachsenenbildung im letzten Januar genau solche Bilder zu sehen bekamen. Der Referent erzählte von der Offenbarung des Johannes. Diese Schrift des Neuen Testamentes enthält Briefe an verschiedene christliche Gemeinden in der heutigen Türkei. Johannes ermutigte sie, treu zu bleiben, am Glauben festzuhalten, die Hoffnung nie aufzugeben! Und was sieht man heute von diesen Gemeinden? Ein paar Steine, die allenfalls für einen Archäologen interessant sein mögen.

Für viele Kursteilnehmer hatte der Anblick etwas Trauriges. Mir schien, dass in unserer Runde sogar eine Angst aufkam. Heute stehen dort anstelle der christlichen Kirchen Moscheen. Anstelle der Kirchtürme ragen Minarette in die Höhe. Statt Glockenklang erschallt das Gebet des Muezzin...

Ist das auch unsere Zukunft? Diese Frage wurde zwar nicht ausgesprochen. Aber sie stand spürbar im Raum. Deshalb wollte ich sie heute auch benennen. Werden auch unsere Kirchen zerfallen? Werden unsere Gemeinden anderen Religionen weichen?

Liebe Gemeinde, ich möchte heute, am Reformationstag, dazu drei Dinge sagen. Erstens, wir müssen Politik und Religion trennen. Zweitens, wir müssen die Begegnung mit dem Islam wagen. Drittens, unser evangelische Weg ist vorgezeichnet durch die Seligpreisungen, nicht aber durch die Kreuzzüge.

Zum Ersten. Die Angst, dass unsere Kirchen den Moscheen weichen müssen, spielt auch in politische Auseinandersetzungen hinein. Ich denke z.B. an die Frage, ob in der Schweiz zu einer Moschee auch ein Minarett gebaut werden darf. Ist die Frage eine politische oder eine religiöse? - Das ist eben nicht so einfach! Entscheiden muss so etwas in unserem Land die *Politik* und nicht die Kirche. Aber die Gefühle, die davon betroffen sind, sind vielfältig. Geht es da nicht auch um religiöse Empfindungen?

Welche Gefühle sind da betroffen? Ich denke, zuerst das Heimatgefühl. Das Minarett ist für uns etwas Fremdes. Wenn plötzlich mitten im Dorf ein Minarett aufragt, so fühlt man sich vielleicht nicht mehr so richtig zu Hause, oder? – Ich finde, dass man das Heimatgefühl schützen soll, denn es vermittelt Vertrauen, gibt Geborgenheit und stärkt die Identität. Das hilft den Menschen.

Auf der anderen Seite ist das Minarett ein Zeichen, das bedeutet: Hier lebt eine islamische Gemeinschaft. Ein Minarett erlauben heisst, der islamischen Gemeinde ein Heimatrecht bei uns zu geben. Es heisst, eine Minderheit mit ihrer eigenen Identität anzuerkennen. Und das ist doch, liebe Gemeinde, etwas Gutes? Jedenfalls scheint mir, dass wir in Zukunft damit leben müssen, dass verschiedene Kulturen und Religionen miteinander im gleichen Staat und Land leben werden – hoffentlich in Frieden.

So offen und tolerant können wir aber nur sein, wenn wir auf der anderen Seite auch den Respekt verlangen. Den Respekt vor unseren religiösen Gefühlen und Traditionen, den Respekt vor unseren christlichen Überzeugungen.

Das wird zum Beispiel heissen, dass die Muslime darauf verzichten müssen, vom Minarett aus öffentlich zu beten. Das ist zwar meines Wissens noch nicht in der Diskussion, aber die Frage wird aufkommen. Da ist für mich die Grenze. Da werde ich mich wehren.

Entscheiden muss in diesen Fragen die Politik. Die Kirche soll aber nicht schweigen, sondern die christlichen Werte vertreten und die Gefühle ihrer Mitglieder schützen. Dazu brauchen wir viel Weisheit und Fingerspitzengefühl!

Zum Zweiten. Die Einwanderung und Ausbreitung von Muslimen betrifft auch unseren Glauben. Kopftücher, Ramadan, lange Bärte, das lässt uns nicht kalt. Das kann neugierig machen und faszinieren. Es kann uns ärgern oder verunsichern.

Denn nun wirst du gefragt: Wie stehst du als Christ dazu? - Was halten Sie davon, dass die Muslime fünfmal am Tag beten? Dahinter steht die persönliche Frage: Wie halten Sie es selbst mit dem Beten?

Was denken Sie vom Kopftuch, das an den Schleier unserer Nonnen erinnert? – Dahinter steht die Anfrage: Wie wichtig ist Ihnen die individuelle Freiheit gerade der Frauen? – Aber auch die Frage: Was halten Sie eigentlich davon, dass bei uns Mädchen im Alltag sich häufig bauchfrei und mit weitem Ausschnitt zeigen? Ist das christlich?

Oder der Ramadan: Dahinter taucht die Frage auf: Sollten wir die Fastenzeit vor Ostern nicht als Chance nutzen, um den Glauben und die Gemeinschaft zu vertiefen?

Die Auseinandersetzung mit dem Islam wird weiter zur Frage führen: Was ist denn das Besondere am Christentum? Lohnt es sich, Christ zu bleiben?

Die Antwort wird jeder und jede persönlich geben müssen. – Ich möchte Ihnen sagen, was für mich das Wesentliche ist: Das Wesentliche und Besondere am Christentum ist Jesus Christus. An Gott glauben viele in der einen oder anderen Art. Auch an den Heiligen Geist glauben heute viele Menschen. Sie sprechen von heilsamen Energien, die wirken. Aber Jesus Christus, der uns die Liebe Gottes schenkt, das ist es. Dass wir durch Jesus Christus so stark mit Gott verbunden werden, dass uns nichts, weder Hohes noch Tiefes, weder Engel noch Gewalten von der

Liebe Gottes trennen können. Das ist es, was auch die Reformation wieder hervorgehoben hat.

Der Islam ist zu stark, als dass wir ihm ausweichen könnten. Darum sage ich: Wir müssen dem Islam begegnen. Das Wort Begegnung bedeutet nicht nur die freundschaftliche Begegnung, sondern auch, sich als Gegner gegenüberstehen. Auf Französisch heisst „la rencontre“ nicht nur die Begegnung, sondern auch die Schlacht. - Die Begegnung mit dem Islam soll beides sein: Sich näher kommen, sich füreinander interessieren, sowie sich auseinandersetzen. Die Kräfte messen. Dann kann die Begegnung beide Partner bereichern und jeden zu seinem eigenen Selbstverständnis zurückführen.

Zum Dritten. Wenn wir realistisch sind, so werden wir Christen in einigen Jahrzehnten hier – auch in der Schweiz – eine Minderheit sein. Und, wenn wir ehrlich sind, so sind die engagierten Christen, Reformierte, Katholiken und Freikirchliche zusammengezählt, schon jetzt eine Minderheit in der Gesellschaft.

Da ist man versucht zu sagen: Jetzt müssen wir uns wehren. Wir müssen in die Offensive gehen. Wir müssen unser Land wieder für Christus, den König, erobern. – Wie schnell sind wir da bei einem neuen Kreuzzug – mit all seinen verheerenden Folgen.

Liebe Gemeinde, ein solches Kreuzzugsdenken, das in den Worten Kampagne und „Crusade“ zum Ausdruck kommt, führt zu Spaltung und Chaos. Wir müssen einen anderen Weg gehen.

Zuerst: Wir brauchen uns nicht zu fürchten. „Fürchte dich nicht, du kleine Herde! Denn es hat eurem Vater gefallen, euch das Reich zu geben", spricht Christus. Und wo auch nur zwei oder drei sich im Namen Jesu versammeln, ist er mit seiner Liebe und Kraft unter ihnen.

Aber wie werden wir als Minderheit leben? Liebe Gemeinde, wir besinnen uns einfach auf unseren Ursprung zurück. Auf das Evangelium. Ganz besonders auf die Bergpredigt! Diese beginnt mit den berühmten Worten: „Selig sind, die arm sind vor Gott, denn ihnen gehört das Himmelreich!"

Wenn wir uns dieses Wort zu Herzen nehmen, werden wir ganz gewiss einen Weg finden. Was heisst es? Selig sind die, die mit leeren Händen vor Gott treten. Die bittend und bettelnd zu Gott kommen, weil sie ihm keine eigene Leistung vorweisen können. Diese werden Gottes Liebe spüren. Sie werden, bildlich gesprochen, von Gott in sein Haus aufgenommen. Ja, sie werden in einen hell erleuchteten Festsaal geführt, wo Freude und Glückseligkeit sind.

Die Haltung dessen, der sich reich fühlt vor Gott, wo können wir das heute finden? - Ich sehe es da, wo die Kirchenleute stolz sind auf die renovierten Kirchen, wo sie sich brüsten mit tollen Programmen, wo sie stolz sind auf die vielen Spenden, die sie Jahr für Jahr machen. Das ist alles an sich gut, aber der Stolz darauf führt die Menschen vom lebendigen und liebenden Gott weg…

Selig sind, die mit leeren Händen vor Gott stehen. – Und wenn unsere Kirchen zu Ruinen zerfielen? Wenn wir, statt Kirchensteuer einzufordern, Bettelbriefe schicken müssten? Wenn die Muslime sich neben uns zu

Tausenden versammelten und wir daneben nur wenige wären? Könnten wir dann nicht wie der Zöllner im Gleichnis vor Gott treten und beten: Gott, wende Dich uns wieder in Liebe zu! Christus, komm, o komm!

„Ich steh vor dir mit leeren Händen, Herr;
fremd wie dein Name sind mir deine Wege.
Seit Menschen leben, rufen sie nach Gott;
mein Los ist Tod, hast du nicht andern Segen?
Bist du der Gott, der Zukunft mir verheisst?
Ich möchte glauben, komm mir doch entgegen!"

„Sprich du das Wort, das tröstet und befreit
und das mich führt in deinen grossen Frieden.
Schliess auf das Land, das keine Grenzen kennt,
und lass mich unter deinen Kindern leben.
Sei du mein täglich Brot, so wahr du lebst.
Du bist mein Atem, wenn ich zu dir bete." (Lied RG 213)

Wird uns Gott, wenn wir so vor ihn kommen, nicht überreich mit seiner Liebe beschenken?

Liebe Gemeinde, noch sind wir äusserlich nicht so weit. Doch es ist zwar schwer, aber gewiss hilfreich, wenn wir das Bild einer zerfallenen Kirche anschauen.

Gerade denen, die arm sind, verspricht Jesus Christus die Erfüllung ihrer tiefsten Sehnsucht und ihrer grössten Hoffung.
Amen.
5. November 2006

Erschüttert

Predigt zum Lied: Ich steh vor dir mit leeren Händen (RG 213[8])

„Ich steh vor dir mit leeren Händen, Herr;
Fremd wie dein Name sind mir deine Wege.
Seit Menschen leben, rufen sie nach Gott;
Mein Los ist Tod, hast du nicht andern Segen?
Bist du der Gott, der Zukunft mir verheisst?
Ich möchte glauben, komm mir doch entgegen.

Von Zweifeln ist mein Leben übermannt,
mein Unvermögen hält mich ganz gefangen.
Hast du mit Namen mich in deine Hand,
in dein Erbarmen fest mich eingeschrieben?
Nimmst du mich auf in dein gelobtes Land?
Werd ich dich noch mit neuen Augen sehen?

Sprich du das Wort, das tröstet und befreit
und das mich führt in deinen grossen Frieden.
Schliess auf das Land, das keine Grenzen kennt,
und lass mich unter deinen Kindern leben.
Sei du mein täglich Brot, so wahr du lebst.
Du bist mein Atem, wenn ich zu dir bete."

---

[8] RG 213: Text Lothar Zenetti nach dem niederländischen „Ik staa vor U" von Huub Oosterhuis

Dieses Lied erfassen wir weder beim Singen noch beim Lesen gleich als Ganzes. Die Verbindung zwischen den zahlreichen Aussagen, Fragen, Klagen und Bitten ist nicht offensichtlich. Einzelne Sätze aber oder Ausdrücke wecken Erinnerungen. Persönliche oder allgemeinmenschliche Lebenserfahrungen drücken sich darin aus. Anderes lässt an biblische Worte und Geschichten denken.

An welche Ereignisse oder Erfahrungen mussten Sie denken, als Sie das Lied hörten?

„Ich steh vor dir mit leeren Händen."

„Mein Los ist Tod."

„Von Zweifeln ist mein Leben übermannt."

„Ich möchte glauben, aber ich kann es einfach nicht mehr."

Es sind menschliche Situationen, die hier angesprochen werden. Erfahrungen, die uns belasten können. Not, die unseren Glauben und unser Vertrauen erschüttert.

Auch wenn wir solche Erfahrungen gerne verdrängen, so holen sie uns ein. Früher oder später. Schleichend oder plötzlich. Durch diffuse Umstände oder durch einen harten Schicksalsschlag, der uns betroffen macht.

Es ist das Verdienst dieses Liedes, dass es uns in dieser Erschütterung, in dieser Verunsicherung abholt. Dieses Lied versucht, uns einen Weg zu führen, auf dem wir wieder Gewissheit finden.

Das Lied entstand aus einem traurigen Anlass. Es wurde im Jahr 1966 in Amsterdam gesungen am Begräbnis eines 26-jährigen jungen Mannes. Der Autor war der Jesuit Huub Oosterhuis. Einige Jahre später wurde es vom Frankfurter Stadtjugendpfarrer Lothar Zenetti ins Deutsche übertragen.

Seither spricht es immer wieder Menschen in unterschiedlichen persönlichen Lebenslagen an, auch wenn es eher selten im Gottesdienst gesungen wird.

Wie kann man heutzutage einen Weg finden, der die Verunsicherung des Glaubens, ja die Erschütterung des Grundvertrauens überwindet und zu einer neuen Gewissheit führt? – Das ist die seelsorgerliche Frage, die meines Erachtens dem Lied zugrunde liegt.

„Fremd wie dein Name sind mir deine Wege.“ - Ein Christ stellt hier fest: Das Wort „Gott“ bedeutet mir nichts mehr. Ich kann nirgends mehr sehen, dass Gott etwas tut. Gott ist mir fremd geworden.

Diese Ehrlichkeit ist wohl nötig. Alle Menschen machen die Erfahrung, dass ihr fragloser Kinderglaube einmal in die Krise gerät. Das muss auch so sein, wenn der Glaube im Erwachsenenalter eine tragende und das Leben gestaltende Kraft erhalten soll.

Diese Glaubenskrise kann so stark sein, dass man sich von Gott entfremdet. Aber nur wenn man das ernst nimmt, wird man eine neue und vertraute Beziehung zu Gott finden.

Das ist das eine. Das andere ist, dass man nicht aufhört, Gott zu suchen. Und dazu gehört der Versuch zu beten. Huub Oosterhuis schrieb in jener Zeit: „Beten ist der Versuch, das kleine Wort „Gott“ zu einem Namen zu machen, der etwas für mich bedeutet, für uns, heute.“

Die Gewissheit des Glaubens kann man nicht wieder finden, wenn man nur über Gott theoretisiert. Noch weniger, wenn man nur um seine Probleme kreist. Die Gewissheit des Glaubens kann man nur neu gewinnen, wenn man sich mit seinen leeren Händen hinstellt und suchend und fragend probiert zu beten.

„Bist du der Gott, der Zukunft mir verheisst?“ Wie kommt der Dichter dazu, so zu beten? Er erinnert sich an die Zusage, die Gott einst gegeben hat. „Ich will euch Zukunft und Hoffnung geben, spricht der Herr.“ So steht es in der Bibel (Jeremia 29, 11). So heisst es einem Lied (RG 849). Dieses Wort hat Gott gegeben. Danach will ich nun fragen. „Bist du der Gott, der Zukunft mir verheisst?“ Was bedeutet das, wenn ein Freund von mir jung stirbt? Wenn ich einen schweren Unfall erlitten habe und mein Leben nicht mehr sein wird wie vorher? Oder wenn ich flüchten muss?

Ein solches Wort nährt die Hoffnung. Es schürt die Flamme der Sehnsucht. Es öffnet mich für die Bereitschaft zu glauben. „Ich möchte glauben, komm mir doch entgegen.“

Welches ist Ihr Konfirmationsspruch? – Vielleicht ist es dieses Bibelwort, das Ihnen in einer Glaubenskrise zur Hilfe werden kann. Eine Hilfe, wenn es darum geht, den Glauben neu zu buchstabieren.

Das also ist der zweite Schritt, den das Lied uns zeigt, dass wir uns an einst vertraute Worte und Geschichten aus der Bibel erinnern. Dass wir danach fragen, ob sie heute noch wahr sind für uns? Oder werden sie vielleicht zum ersten Mal wahr?

„Hast du mit Namen mich in deine Hand, in dein Erbarmen fest mich eingeschrieben?" So fragt der Betende, indem er sich an das Wort Gottes erinnert: „Ich will dich nicht vergessen. Siehe, auf meine Hände habe ich dich gezeichnet." (Jesaja 49, 16) – Dieses Wort bekam die kleine Jasmin vor zwei Wochen als Taufspruch mit auf ihren Lebensweg. Wird es ihr wohl helfen, Gott neu zu suchen, wenn sie sich einmal von allen Menschen verlassen fühlt und ihr Kinderglaube brüchig wird?

„Von allen Seiten umgibst du mich und hältst deine Hand über mir." Möge dieses Wort sich fest in das Herz von Johannes, der heute getauft wurde, einprägen. Dann wird er einmal gläubig-suchend fragen können: „Ist es wahr, dass du mich umgibst und deine Hand über mir hältst?" Es wird ihm helfen, den Glauben in guten Zeiten zu bewahren und in einer Krise Gott neu zu entdecken. – Der Dichter formuliert dieses Neu-Entdecken so: „Werd ich dich noch mit neuen Augen sehen?"

Liebe Gemeinde, das ist, wie gesagt, der zweite Schritt, zu dem uns das Lied einlädt: Sich erinnern an das, was wir von Gott gehört haben. Diese Aussagen abklopfen auf ihren Wahrheitsgehalt. Hinhören: Klingen die Aussagen hohl oder haben sie einen Gehalt, der heute trägt?

Darauf folgt ein dritter Schritt. Auf das kritisch-suchende Fragen folgt die engagierte Bitte: „Sprich du das Wort, das tröstet und befreit!" „Schliess auf das Land, das keine Grenzen kennt!" „Sei du mein täglich Brot!"

Nach meiner Erfahrung braucht es die konkrete und engagierte Bitte, damit ein Durchbruch zum Glauben geschieht.

„Sprich du das Wort, das tröstet und befreit!" Es geht um die Botschaft des Evangeliums, dass wir diese neu hören, dass sie uns trifft und bewegt. – Dieses Wort trägt einen Namen: Jesus. Er wird uns trösten und befreien. Er wird uns die Gewissheit schenken.

„Schliess auf das Land, das keine Grenzen kennt!" Was ist mit diesem Land gemeint? Ich denke zum einen an das himmlische Vaterland, das ewig-grenzenlos ist. Zum anderen an das Reich Gottes unter uns, wo es keine Grenzen zwischen Rassen und Klassen mehr gibt, wo wir alle als freie Kinder Gottes miteinander leben.

„Sei du mein täglich Brot, so wahr du lebst!" Jesus sagte: „Ich bin das Brot des Lebens." Er sättigt uns täglich mit Gutem. Er, der auferstanden ist, stillt je und je unsere Sehnsucht.

Das war der dritte Schritt auf dem Weg, der zu einer neuen Glaubensgewissheit führen will. Dass wir Gott engagiert um das bitten, wonach wir uns sehnen.

Und der Schluss? Der Schluss ist kein Schritt des Menschen mehr, sondern ein Geschenk Gottes. Die Gewissheit, dass Gott da ist, wird einem geschenkt, und manchmal auf überraschende Weise. Oft ganz einfach. Der Dichter und Beter merkt: „Du bist mein Atem, wenn ich zu dir bete.“ „Ich habe gedichtet, aber du hast mich inspiriert.“

Solange wir leben, atmen wir. Solange wir atmen, leben wir. Das Neugeborene beginnt zu atmen. Der Sterbende haucht seinen letzten Atem aus. So wie der Atem, so ist Gott immer schon da in unserem Leben. Ob wir ihn beachten oder nicht: Er ist gegenwärtig. Liebe Gemeinde, dies zu merken, dies inne zu werden, ist Glaube.

Das Lied lädt uns ein, gemeinsam einen Weg zu gehen, der von der Erschütterung des Glaubens zu einer neuen Gewissheit führt.

Ehrlich seine Mühe mit dem Glauben bekennen, ist der erste Schritt. Dazu gehört die Bereitschaft, mit leeren Händen vor Gott zu treten und zu beten.

Der zweite Schritt ist, dass wir uns an das erinnern, was wir von Gott gehört haben, und dass wir gläubig suchend hinhören: Was kann uns das heute bedeuten?

Der dritte Schritt ist, dass wir mutig bitten. Ja, dass wir Gott engagiert um das bitten, wonach wir uns sehnen. Ohne diesen Schritt kommt es selten zum Durchbruch.

Das Vierte ist ein Geschenk. Die Gewissheit: Gott war immer schon da.

Amen.

27. März 2011

Selig seid ihr, die ihr jetzt weint, denn ihr werdet lachen.

Lukas 6, 20 – 21; 24 - 25; Johannes 19, 16 - 30
Karfreitag

Der Tod eines nahen Menschen trifft einen hart. Und wenn es ein junger Mensch war, den man herzlich gern hatte, so ist es umso schlimmer. – Das wissen wir aus unserer Lebenserfahrung.

Heute sind wir zusammengekommen, um uns an den Tod Jesu zu erinnern. Auch er war noch jung, als er starb, gut dreissig Jahre alt. Er war sehr beliebt. Sein Sterben hat damals vielen Menschen grossen Kummer bereitet.

Auch für uns, die wir Jesus lieben und ehren, ist es schwer, mit seinem Tod konfrontiert zu sein. Dieser einfache Mann fand doch immer ein tröstliches, ja ein heiteres Wort für die Leute, wenn er ihnen begegnete auf den Strassen, auf dem Feld, am Ufer des Sees, in ihren Häusern. Dieser Mann verteidigte die Armen und kämpfte für die Ausgestossenen. Er liess sich berühren von einer Frau und half ihr. Dieser Mann schenkte den Kranken seine ungeteilte Aufmerksamkeit und behandelte sie so, dass sie geheilt wurden.

Man bewunderte ihn, weil er eindeutig Stellung bezog gegen die Machthaber. Er brachte die Wahrheit ans Licht und forderte Gerechtigkeit.

Man liebt und verehrt ihn deswegen noch heute. Die Geschichten aus seinem Leben und seine treffenden Worte öffnen auch heute unsere Herzen, unsere Augen und unsere Hände.

Doch je mehr jemand für Jesus empfindet, desto grausamer und unerträglicher wird ihm sein Tod. Wenn man Jesus verehrt, so wie er gelebt hat, ist es schwer zu verstehen, schier unmöglich anzunehmen, dass er so jung und durch einen so schrecklichen Tod aus dem Leben gerissen wurde!

Wir sollen nicht zu schnell sagen: Das musste so sein, denn Gott wollte es. – Eine solche Aussage ist manchmal nur ein Versuch, nicht hinschauen zu müssen. Ein Versuch, das Leid der Kreuzigung nicht aushalten zu müssen.

Im Gegenteil, wenn Gott die Liebe ist, so kann er eine solche Grausamkeit wie die Kreuzigung nur mit einem blutenden Herzen ertragen!

Warum?! Warum denn litt und starb Jesus so unschuldig?

Lasst uns auf seine Botschaft hören! Vielleicht erkennen wir darin den Grund für sein Leiden? Lasst uns auf seinen Lebensweg schauen! Vielleicht erkennen wir da die Ursache und den Sinn seines Todes?

In der Zusammenfassung seiner Lehre, in der Bergpredigt, finden wir die Seligpreisungen. Die bekanntere Version steht im Matthäusevangelium. Im Lukasevangelium steht es so, wie ich es gleich vorlesen werde. Hier stehen nur drei Seligpreisungen, auf die dann drei Weherufe folgen.

> „Und Jesus erhob seine Augen auf seine Jünger und sprach:
> Selig seid ihr Armen; denn euch gehört das Reich Gottes.
> Selig seid ihr, die ihr jetzt hungert;
> denn ihr werdet gesättigt werden.
> Selig seid ihr, die ihr jetzt weint; denn ihr werdet lachen.
>
> Doch wehe euch, ihr Reichen; denn ihr habt euren Trost dahin.
> Wehe euch, die ihr jetzt satt seid; denn ihr werdet hungern.
> Wehe euch, die ihr jetzt lacht; denn ihr werdet trauern und weinen."
> (Lukas 6, 20 – 21; 24 – 25)

Der Herr segne sein Wort an uns.

Das sind verblüffende Worte! Auch wenn man sie schon gehört hat, können sie überraschen. – Jesus sagte diese Sätze nicht als allgemeine Philosophie, sondern er sprach zu ganz bestimmten Personen. Jesus sagte diese Sätze zu Menschen, die in grosser Armut lebten, die Hunger litten und um liebe Angehörige trauerten. Wie mussten diese Worte in *ihren* Ohren klingen?

Ein Armer wird sich gesagt haben: „Ich, ein Armer, werde in die Herrlichkeit Gottes eingehen! Welch ein Glück! Wie werde ich glücklich sein, wenn Gott seine Herrschaft in der Welt durchsetzt!"

Einer, der nie wusste, ob er am nächsten Tag etwas zu Essen haben würde, wird sich gesagt haben: „Ich, ein Hungernder, werde endlich satt werden, wenn Gott kommt, um zu helfen. Gott sei Lob und Dank!“

Ein Trauender wird sich gesagt haben: „Ich, der ich meine Liebsten unwiederbringlich verloren habe, werde mich freuen und fröhlich sein, dank Gottes Hilfe.“

Ja, die Seligpreisungen sind eine echt frohe Nachricht für die Armen, Hungernden und Trauernden. – Aber für die Reichen?

Als Jesus sein Wehe schleuderte, hatte er wohl auch konkrete Personen im Blick. Solche, die ihren Besitz geizig für sich behielten, die nannte er die Reichen. Solche, die das Gut der Menschen vergeudeten, nannte er die Satten. Solche, die über andere spotteten, nannte er die Lachenden – Spott ist ja die böse Form des Lachens.

Auch die Weherufe können heilsame Worte sein, weil sie die Schattenseiten aufdecken und dazu dienen, Gerechtigkeit zu schaffen. Doch nicht alle werden das so hören wollen. Viele, die sich reich, satt und fröhlich fühlten, haben die Worte von Jesus nicht angenommen, sondern sich gegen Jesus gestellt. Darin liegt ein wichtiger Grund für das Leiden Jesu. Seine Botschaft forderte die Menschen heraus. Sie mussten sich entscheiden. Wer nicht für ihn war, der war gegen ihn.

Musste denn Jesus so sprechen von Armut und Reichtum? War es denn nötig, dass er so von Mangel und Überfluss redete? Hätte er sich nicht den Ärger ersparen können! – Nein, gerade dies war wohl sein zentraler Auftrag. Was war das Erste, was Jesus sagte, als er öffentlich auftrat?

„Kehrt um, denn das Reich Gottes ist nahe!“ Mit dem Reich Gottes meinte er nicht ein himmlisches Säuseln und kein nettes Engelskonzert, sondern eine radikale Umkehr der Verhältnisse in der Welt. Die Ersten werden die Letzten sein und die Letzten Erste!

Diesen Auftrag erhielt er nicht erst mit der Taufe, er wurde ihm gewissermassen in die Wiege gelegt. Hören wir noch einmal, was seine Mutter dachte und betete, als sie mit Jesus schwanger war:

> „Meine Seele erhebt den Herrn,
> denn Grosses hat der Mächtige an mir getan.
> Und heilig ist sein Name,
> und von Geschlecht zu Geschlecht wird sein Erbarmen
> denen zuteil, die ihn fürchten.
> Er hat Gewaltiges vollbracht mit seinem Arm,
> zerstreut hat er, die hochmütig gesinnt sind im Herzen,
> Mächtige hat er vom Thron gestürzt
> und Niedrige erhöht,
> Hungrige hat er gesättigt mit Gutem,
> und Reiche hat er leer ausgehen lassen.“
> (Lukas 1, 46; 49 – 53, zitiert nach RG 586)

Jesus sprach öffentlich aus, was seine Mutter dachte und betete in der Zeit der Schwangerschaft. Dies war sein Auftrag, den ihm Gottes Geist eingegeben hatte.

Mit seiner Botschaft weckte Jesus nicht nur Freude, sondern auch Widerstand. Alle diejenigen, die etwas zu verlieren hatten, wenn Gottes

Reich wirklich anbrechen sollte, begegneten Jesus skeptisch und feindselig.

Wie reagierte Jesus auf Feindschaft? Er, der sein ganzes Vertrauen in Gott gesetzt hatte, gab er auf, als man ihm mit dem Tod drohte? Nein. Versuchte er, sich zu schonen und sein Leben zu erhalten? Nein. Wehrte er sich mit Gewalt? Nein. Oder tat er wenigstens ein Wunder, um sich selbst zu retten? Nein.

Jesus hatte sein ganzes Vertrauen in Gott gesetzt. Dieses Vertrauen hielt er durch bis zum Ende. Bis zu dem Ende, auf das dann der ganz neue Anfang folgte. So kam es, dass Jesus, der den Armen die frohe Botschaft brachte, selbst ein ganz Armer wurde. So kam es, dass er, der die Gewaltlosigkeit predigte, selbst den Gewaltherrschern ausgeliefert wurde. So kam es, dass er, der den Hungernden und Dürstenden Hoffnung brachte, selbst hungerte und dürstete nach Gerechtigkeit.

Dass Jesus schliesslich gefoltert und verspottet wurde, dass er am Kreuz starb, zwischen Verbrechern, das war die Konsequenz aus seiner Verkündigung. – Darin also erkennen wir die Ursache für seinen Tod, dass er selbst lebte, was er verkündete.

Dass Jesus so starb, war menschlich gesehen eine grosse Tragödie, aber im Licht der Seligpreisungen wächst darin für die Trauernden eine grosse Hoffnung. „Selig seid ihr, die ihr jetzt weint, denn ihr werdet euch freuen bei eurem himmlischen Vater!“

Sich an Jesus binden im Glauben, heisst daher auch, den Schmerz der physischen Trennung von ihm aushalten zu müssen. Jesus Christus seinen Bruder nennen, bedeutet auch, Jesus leiden zu sehen und seinen Tod zu beweinen. Es bedeutet, etwas von dem Schmerz nachzuempfinden, den seine Mutter Maria erlitten haben musste, als sie ihren Sohn am Kreuz schreien hörte. Auf die Erlösung durch Jesus Christus hoffen, bedeutet auch, die Trauer um Jesu Tod zu ertragen und ein wenig mit ihm sterben zu müssen.

In diesem Mit-Leiden mit Jesus dürfen wir uns an seine Worte erinnern: „Selig seid ihr, die ihr jetzt weint, denn ihr werdet fröhlich lachen." Dabei wird sich unser Herz öffnen für die Hoffnung auf Gottes Herrschaft. Mit einem Blick, der mehr sieht als die äussere Erscheinung, mit einem gläubigen Herzen werden wir erkennen, dass Gott uns Menschen nicht aufgegeben hat.

Ein bekanntes Bibelwort wird für uns eine tiefe Bedeutung erhalten: Jesus spricht: „Ich bin die Auferstehung und das Leben. Wer an mich glaubt, wird leben, ob er gleich stürbe, und wer lebt und glaubt an mich, wird in Ewigkeit nicht sterben." (Johannes 11, 25f)

Zum Glauben an die Auferstehung gehört die Gewissheit, dass das wahre Leben da erscheint, wo der Mensch nicht mehr für sich selbst lebt, sondern für Gott, der die Liebe ist – und da, wo er nicht mehr für sich selbst stirbt, sondern im Namen Gottes, der die Liebe ist.

So spricht Paulus vom Leben in der Kraft der Auferstehung: „Niemand von uns lebt für sich selbst und niemand stirbt für sich selbst. Denn wenn wir leben, so leben wir für Jesus Christus, den Herrn; und wenn wir sterben, so sterben wir für den Herrn. Im Leben also wie im Sterben gehören wir dem Herrn an. Denn dazu ist Christus gestorben und wieder zum Leben gekommen, dass er über Tote wie Lebendige der Herr sei." (Römer 14, 7 - 9)

Und wir, die wir hier zurückbleiben? Die wir das Leben in dieser oft so schwierigen Welt bestehen müssen? – Uns bleiben die Worte und die Taten von Jesus, seine Gegenwart im Geist. Hören wir darum neu auf die Seligpreisungen sowie auf die Weherufe von Jesus.

„Selig seid ihr Armen, denn euch gehört das Reich Gottes." - Sind nicht auch wir in gewisser Weise Arme? Ich möchte Sie einladen, sich Ihre Armut und Hilfsbedürftigkeit ein wenig bewusst zu machen. - In jedem Leben gibt es eine gähnende Leere, ein Vakuum, das nur darauf wartet, von Gottes Liebe erfüllt zu werden.

„Selig seid ihr, die ihr jetzt hungert; denn ihr werdet gesättigt werden." Jeder und jede von uns kennt den Hunger nach Leben, das Verlangen nach Glück, das so tief in uns sitzt. Ich lade Sie ein, sich dieses Verlangen ein wenig bewusst zu machen und vor Gott zu bringen. Gott wird unser Verlangen stillen – durch seine Worte, die Leben bedeuten.

„Selig seid ihr, die ihr jetzt weint; denn ihr werdet lachen." Jeder und jede von uns trägt in sich einen Schmerz, eine Trauer. Ich darf Sie einladen, auch dies vorsichtig vor Gott auszusprechen, klagend und flehend. – Gott wird Ihnen einen Engel an die Seite stellen, um Sie und uns alle zu trösten.

„Wehe euch, ihr Reichen, denn ihr habt euren Trost empfangen." Liebe Schwestern und Brüder, jeder von uns ist auch ein Reicher, auch ein Satter, auch ein Lachender – und eigentlich wollen wir dankbar sein dafür. Besitz, Nahrung und Freude gehören zu einem gelingenden Leben dazu. Lasst uns immer dankbar sein dafür! - Doch in jedem Glück liegt auch eine Gefahr verborgen. - Sind wir durch den Reichtum etwa gleichgültig geworden oder geizig? Sodass wir unser Leben verlieren?

„Wehe euch, die ihr jetzt satt seid; denn ihr werdet hungern.“ Sind wir durch unsere Sattheit, durch unsere Selbstzufriedenheit, durch den Überfluss, in dem manche von uns leben, zu Prassern und Vergeudern geworden? Sind wir vielleicht nur äusserlich satt, aber im Herzen brennt eine unstillbare Sehnsucht, die wir unterdrücken? Sodass wir unser Leben verpassen?

„Wehe euch, die ihr jetzt lacht, denn ihr werdet trauern und weinen.“ Sind wir, die wir nach aussen lachen, vielleicht zutiefst im Innern voller Kummer und Wut? Sodass wir an uns selbst vorbei leben?

Gerade unsere Schattenseiten dürfen wir in das Licht von Gottes Gnade stellen, auf dass wir von innen her verwandelt werden.

Liebe Gemeinde, Jesus ist so früh gestorben, weil er den Armen die Botschaft von der Liebe Gottes brachte; damit hatte er die Eifersucht der Reichen provoziert. Er ist gestorben, weil er selbst ein Armer und Gewaltloser war, der bewegt war von der Hoffnung auf Gottes Reich.

Amen.

6. April 2007

Den Sohn verloren

Lukas 7, 11 – 16; Matthäus 5, 4

> *„Die Auferweckung des jungen Mannes von Nain*
> Und danach geschah es, dass er in eine Stadt mit Namen Nain zog; und seine Jünger und viel Volk zogen mit ihm. Als er sich dem Stadttor näherte, da wurde gerade ein Toter herausgetragen, der einzige Sohn seiner Mutter, und die war Witwe. Und eine stattliche Zahl von Leuten aus der Stadt war bei ihr. Und als der Herr sie sah, hatte er Mitleid mit ihr und sagte zu ihr: Weine nicht! Und er trat zur Bahre und fasste ihn an. Da blieben die Träger stehen, und er sprach: Junger Mann, ich sage dir: Steh auf! Und der Tote richtete sich auf und begann zu reden. Und er gab ihn seiner Mutter wieder. Furcht ergriff alle, und sie priesen Gott und sagten: Ein grosser Prophet ist erweckt worden unter uns, und: Gott hat sich seines Volkes angenommen." (Lukas 7, 11 – 16)

> „Selig sind die Trauernden, denn sie werden den Trost Gottes empfangen!" (Vgl. Matthäus 5, 4)

Vom Trost Gottes erzählt die Wundergeschichte, die wir hören durften. Von einer trauernden Mutter, die wieder lachen konnte, erzählt die Bibel. Das ist sehr schön.

Dennoch habe ich gezögert, als ich diesen Abschnitt auf dem Predigtplan sah. Zu gross ist der Schmerz all der Mütter, die ein Kind durch den Tod verloren haben. Werde ich dafür tröstende Worte finden? Doch da erinnerte ich mich an eine Frau, die sagte: „Es ist besonders schlimm, dass es niemand wagt, mich auf meinen verstorbenen Sohn anzusprechen."

Es ist der erste Schritt zum Trost, dass man in seiner Trauer nicht allein gelassen wird. Es ist sehr wertvoll, wenn verständnisvolle Menschen auf einen zukommen, einem zuhören und das Leid teilen, auch wenn sie es nicht aufheben können.

So will ich es heute wagen, diese Geschichte von der Auferweckung des jungen Mannes von Nain auszulegen. Es ist ja eine aufbauende Geschichte, die erzählt, wie eine Trauernde Trost empfing.

Ich möchte die Frage des Trostes auf drei Ebenen ansehen, zuerst auf der realistischen Ebene des Verstehens, dann auf der Ebene der Gefühle und Einstellungen und schliesslich auf der Ebene des Herzens.

Zur Realität. Eine betroffene Mutter ärgerte sich über diese Geschichte, weil sie sich sagte: Warum hat Gott jener Witwe geholfen, aber mein Kind hat er sterben lassen?

Liebe Gemeinde, da ist es hilfreich, sich daran zu erinnern, wie es Maria, der Mutter Jesu ging. Auch sie wurde nicht verschont von dem schlimmen Schicksal, ein Kind durch den Tod zu verlieren. Jesus hat es ihr nicht ersparen können.

Aber was sagte Jesus zu seiner weinenden Mutter, als er starb? „Frau, sieh hier dein Sohn!" Und er deutete auf Johannes, seinen liebsten

Jünger. Und zu Johannes sagte er: „Sieh hier deine Mutter." Und von jener Stunde an nahm Johannes Maria zu sich.

Jesus fühlte Mitleid mit seiner Mutter. So sorgte er dafür, dass sie nicht alleine blieb mit ihrem Weh und Ach. Er sorgte dafür, dass sie eine Zukunft hatte, auch ohne ihn. Darum stiftete er diese neue Mutter-Sohn-Beziehung zwischen Maria und Johannes.

Damit konnte er zwar nicht sich selbst ersetzen, denn jeder Mensch ist einmalig. Aber es half Maria, dass Johannes zu ihr stand wie ein Sohn. Johannes nahm sie später mit sich nach Ephesus und sorgte für sie, als sie alt wurde.

Eine vergleichbare biblische Geschichte ist die von Noëmi und Ruth. Noëmi hatte ihren Mann und ihre beiden Söhne verloren. Enkel waren noch keine da und sie lebte im Ausland, wohin sie aus Hungersnot ausgewandert war. Wie fand Noëmi Trost? Wie konnte *sie* weiterleben, nach ihren schweren Verlusten?

Eine der beiden Schwiegertöchter, sie hiess Ruth, entschied sich dafür, mit Noëmi in deren alte Heimat zurückzukehren. Da lebten die beiden Frauen zunächst in grosser Armut, bis Ruth durch ihre grosse Tüchtigkeit und gewiss auch durch ihren Charme einem Verwandten von Noëmi auffiel. Dieser, der vermögende Boas, heiratete Ruth und sie gebar einen Sohn. Noëmi bekam einen Enkel!

Da beglückwünschten die Frauen Noëmi und sagten: „Gelobt sei unser Gott, der dir geholfen hat. Er wird dir Lebenskraft zurückgeben und im hohen Alter für dich sorgen. Denn deine Schwiegertochter, die dich liebt, hat dir ein Enkelkind geboren, sie, die für dich mehr wert ist als sieben Söhne." Und Noëmi nahm das Kind und hob es auf ihren Schoss und wurde seine Pflegemutter. Dieses kleine Kind wurde der Grossvater von David.

So oder ähnlich kann es auch in unseren Tagen gehen. Ich hörte von einem Mann, der der einzige Sohn seiner Mutter war. Der starb mit vierzig Jahren kinderlos. Er hatte einen Patensohn, der seinen Götti vermisste. Da fragte die Mutter des Verstorbenen, ob sie an der Stelle ihres Sohnes dessen Göttibub hüten dürfe. Sie durfte und es entstand eine schöne Beziehung zwischen den beiden.

Eine solche neue Beziehung kann ein grosser Trost sein. Die Mutter kann wieder für jemanden Geschenke machen, für ein Kind einen Ausflug organisieren, es aufmerksam begleiten in seinem Wachsen und Werden, und das ist schön. Das erfüllt die Zeit.

Das ist eine realistische Ebene des Trostes. Doch wir wissen, dass damit das trauernde Herz noch nicht zufrieden ist. Das Herz braucht einen anderen Trost. Einen Trost, den wir nur darin empfangen, dass wir glauben und erfahren, dass der Verstorbene lebt. Dass er in einer geheimnisvollen Art und Weise gegenwärtig bleibt. Dass er lebt, auch wenn er körperlich gestorben ist.

So erlebte es auch Maria. Ihr begegnete Jesus nach seiner Auferstehung. Er war nachher für sie immer da. Im Licht von dieser Erfahrung dürfen wir auch die Erzählung von der Auferweckung des jungen Mannes von Nain heute lesen.

Der Witwe von Nain gab Jesus zwar den Sohn physisch wieder, aber wichtiger als das ist die Frage, was diese Geschichte uns heute mitteilen kann. Es ist eine wunderbare Geschichte, die wir uns möglichst lebhaft vorstellen und zu Herzen gehen lassen sollten. Ich möchte diese Geschichte darum einmal nacherzählen.

Ich habe vom griechischen Text her das Wort Bahre mit Sarg übersetzt, denn es geht um das Behältnis, in dem wir das verbergen, was wir für endgültig vergangen halten. Das Wort berühren meint ein starkes anfassen. Es wird auch gebraucht, wenn man flehentlich bittend jemandem die Knie umfasst. Und das Wort Mitleid ist im biblischen Zusammenhang ein sehr starkes Wort. Es meint jenes Gefühl, jene Kraft, die eine Mutter bewegt, wenn sie ihr Kind leiden sieht und schreien hört. Eine Kraft, die so stark motiviert, dass man helfen *muss*.

Die Trauer ist gross. Viele Tränen fliessen. Alle empfinden den ungeheueren Schmerz der Mutter: Ihre Mutterliebe wurde durch den Tod verwundet!

Jesus sieht es. Da ist er zutiefst erschüttert. Er selbst vergiesst Tränen. In seinem Bauch regt sich ein Gefühl. Es ist wie das, was eine Mutter empfindet, die ihr Kind leiden sieht und schreien hört. Von innen bewegt muss Jesus helfen!

Wie der barmherzige Samariter, so muss Jesus hinschauen, hingehen und helfen!

Jesus wendet sich der trauernden Mutter zu und spricht zu ihr: „Du musst nicht weinen." Dann geht er hin zum Sarg und fasst ihn an. Er fasst den Sarg an, wie wenn er ihn um Erbarmen anflehen würde. Wie um zu schreien: Gib wieder frei, was in dir verborgen ist!

Da hält der Trauerzug an. Jesus spricht mit einer Ruhe und Vollmacht, die aus einer ganz grossen Tiefe heraus kommt: „Junger Mann, ich sage dir: Steh auf!“

Und der Tote richtet sich auf und man hört ihn sprechen. Jesus nimmt ihn bei der Hand, macht ihn frei und führt ihn zu seiner Mutter zurück!

Die Umstehenden sehen es und sind ganz ergriffen. Sie spüren: Hier wirkt Gott! Jesus ist ein Prophet, grösser noch als der Prophet Elia, der einst den Sohn der Witwe von Sarepta wieder zum Leben auferweckt hatte. Und voll Staunen rufen die Leute: „Gott selbst hat sich seines Volkes angenommen.“

Und alle Leute jubeln und lachen. Und die Mutter umarmt voller Rührung ihren Sohn: Ihre Tränen sind nun Tränen der Freude. Ihr Schluchzen kommt aus einem Herzen, das von einer grossen Last erlöst wird. In ihren Augen strahlt ein seliges Leuchten.

Was ist die Botschaft dieser Geschichte? Was muss ich glauben, wenn ich diese Worte höre und im Herzen bewege?

Für mich ist es dies. Ich muss es auf Schweizerdeutsch sagen: Wä-me Verbaarme hät mit emene Mänsch, so findet me en Wèèg zum neue Läbe. Im Verbaarme bricht e Chraft dure, wo sogar stèrcher isch als de Tood!

Ich säge s nid uf Schriftdütsch, sondern i minere Spraach vo de Chindheit, will s Verbaarme isch nid e Theorie, sondern es Gfühl und e ganz starchi Emotion.

Unabhängig davon, ob die Geschichte sich genau so zugetragen hat, sagt sie: Jesus konnte helfen, weil er sich so tief vom Erbarmen Gottes ergreifen liess, dass er selbst zu einem Werkzeug der Liebe Gottes wurde. Und das ist wahr.

Das heisst für uns: Wenn jemand schwer leidet, wenn eine Mutter oder ein Vater ein Kind verliert, so sollen wir Anteil nehmen, Mitgefühl haben, mittrauern, den Schmerz mitempfinden, als wäre es der eigene, und für die Trauernden beten - und all das Gute für sie tun, das uns Menschen möglich ist. - So hat es Jesus getan. - In dieser Liebe, in diesem Erbarmen ist Gott da. Und er wirkt. Manchmal so, dass wir staunen müssen und lachen dürfen!

Es sind die, die mittrauern, die den Trauernden Trost bringen.

Schliesslich möchte ich eine dritte Ebene ansprechen, die Ebene des Herzens oder des Geistes. Auch auf dieser Ebene kann uns diese heilige Schrift berühren.

Da ich jetzt nicht gut eine Meditation anleiten kann, möchte ich den Weg über ein Märchen wählen. Vielleicht freuen sich die jungen Eltern darauf, ihren Kindern in einigen Jahren Märchen zu erzählen. Vielleicht spüren Sie aber alle, dass die Märchen, wenn wir sie ernst nehmen, Geschichten für Erwachsene sind.

Es gibt ein bekanntes Märchen, wo jemand aus dem Sarg aufersteht. Die Zwerge, die dort den Sarg tragen, können wir im übertragenen Sinn verstehen als die Mächte, die zwar um die Tote trauern, sie aber nicht befreien können. Die Kraft, die allein befreien kann, so sagt das Märchen, ist die Kraft der Liebe. Die Liebe, die sich an der Schönheit entzündet. Sie erscheint im Königssohn.

Das Erbarmen bricht auf, wenn man das Leid sieht. Die Liebe entbrennt, wenn sie die Schönheit erkennt. Aber beide Formen der Liebe kommen aus der einen Quelle, aus Gott, der die Liebe ist.

So lese ich Ihnen den Schluss vom Schneewittchen vor. Die Deutung der Bilder möchte ich dabei gerne Ihnen selbst überlassen. Ist das glückliche Ende ein Bild für die Erfüllung einer menschlichen Sehnsucht? Ist die königliche Hochzeit, die folgt, ein Bild für dafür, dass in der Seele etwas heil wird und ganz? Ist das Aufwachen des Mädchens und das Heimgehen in das Schloss des Vaters ein Bild für die Auferstehung und das ewige Leben? – Lassen Sie sich einfach wie ein Kind von den Bildern des Märchens im Herzen berühren. Und mögen Sie dadurch Trost empfangen!

„Nun lag das Schneewittchen lange, lange Zeit in dem Sarg und verweste nicht, sondern sah aus, als wenn es schliefe: weiss wie Schnee, rot wie Blut, schwarz wie Ebenholz. Es geschah aber, dass ein Königssohn in den Wald geriet und zu dem Zwergenhaus kam, um da zu übernachten. Er sah auf dem Berg den Sarg und das schöne Schneewittchen darin und las, was mit goldenen Buchstaben darauf geschrieben war. Da sagte er zu den Zwergen: ‚Lasst mir den Sarg, ich will euch geben, was ihr haben wollt.' Aber die Zwerge antworteten: ‚Wir geben ihn nicht um alles Gold in der Welt.' Da sagte er: ‚So schenkt mir ihn, denn ich kann nicht leben, ohne Schneewittchen zu sehen, ich will es ehren wie mein Liebstes.'

Wie er so sprach, empfanden die guten Zwerglein Mitleid mit ihm und gaben ihm den Sarg. Der Königssohn liess ihn nun von seinen Dienern auf den Schultern forttragen. Da geschah es, dass sie über einen Strauch stolperten, und von dem Schütteln fuhr der giftige Apfel, den Schneewittchen abgebissen hatte, aus dem Hals. Und nicht lange, so öffnete es die Augen, hob den Deckel vom Sarg in die Höhe, richtete sich auf und war wieder lebendig. ‚Wo bin ich?' rief es.

Der Königssohn sagte voll Freude: ‚Du bist bei mir'. Er erzählte, was sich zugetragen hatte, und sagte: ‚Ich habe dich lieber als alles auf der Welt; komm mit mir in meines Vaters Schloss, du sollst meine Gemahlin werden.'"[9]

Lassen Sie ihr Gemüt von diesen Bildern berühren. Und Ihr Herz lebe auf!

Amen.

23. September 2007

[9] Schneewittchen, Grimms Märchen

Maurus, der gute Hirte

Ezechiel 34, 11 - 16; Johannes 10, 11 - 16
Österliche Zeit

Sind Sie schon mal einem Hirten begegnet? Die einen werden Hirten aus ihrer Erfahrung kennen, andere vielleicht nicht. - Stellen Sie sich nun einen guten Hirten oder eine gute Hirtin vor! Der Hirt sorgt für seine Tiere. In der Nacht lässt er sie in einem Stall sicher ausruhen. Am Morgen öffnet er die Türe und führt sie hinaus, damit sie gutes Gras fressen und frisches Wasser trinken können.

Der gute Hirt (die gute Hirtin) kennt seine Tiere und ruft sie mit Namen. Dennoch kann es sein, dass sich beim Weiden eines verliert. Dann wird der besorgte Hirt es suchen. Diese Suche kann für ihn mühsam, ja gefährlich werden.

Alois Carigiet, der den «Schellen-Ursli» gezeichnet hat, hat auch das Bilderbuch «Zottel, Zick und Zwerg»[10] geschaffen. Da erzählt er, wie abenteuerlich eine solche Suche ausgehen kann. Maurus, der junge Geisshirt, vermisst oben beim Steinmannli drei Ziegen, die ihm anvertraut worden sind. Kurz entschlossen läuft er los. Fipsi, sein Hund, begleitet ihn. Sie werden von einem Gewitter und heftigem Regen überrascht, doch Maurus geht mutig weiter. Bei der Alphütte

[10] Zottel, Zick und Zwerg, Alois Carigiet, 1965

angekommen treffen sie den alten Senn. Der sagt: „Ich habe von weitem ein leises Klingeling gehört.“ Da bricht Maurus entschlossen wieder auf, aber nun versperrt ihm ein Wildbach den Weg! Maurus wagt einen gefährlichen Sprung von einem Felsen zu einem anderen - und schafft es, doch er verknackst seinen Knöchel zwischen den Steinen. Er hat sich verletzt. Hinkend sucht er weiter. Da hört er das leise Glöcklein wieder. Er klettert über die Felswand und findet die drei Geissen!

Doch nun folgt der schwierige Weg zurück. Zum Glück fiel ein Baumstamm über den Wildbach, sodass er mit seinen Geissen darüber balancieren konnte. Hinkend und doch in Eile führt er seine Tierlein zur Herde und kommt beim Eindunkeln zufrieden lächelnd im Dorf an.

Liebe Gemeinde, ich habe dieses Buch zwar als Kind gelesen, aber nachfühlen, wie es Maurus ging, das kann ich erst seit ich selber Kinder habe.

Das Bild des Hirten, der nach den verirrten Schafen sucht, wird in der Bibel auf Gott übertragen. Wir finden es in den Texten, die wir gehört haben, sowie in Gleichnissen von Jesus, aber auch im beliebten Psalm 23: Der Herr ist mein Hirte.

Das Symbolbild des Hirten zeigt die Liebe des himmlischen Vaters: Gott hat Verständnis für die Not der Menschen. Gott fühlt mit uns den Kummer. Er pflegt unsere Wunden und ist besorgt um unsere Verletzungen. Und wenn einer vom Weg abgewichen ist und auf einem abschüssigen Felsband sitzt, sodass er weder vor- noch rückwärts gehen kann, da hört Gott sein leises Glöcklein und sucht nach ihm, bis er ihn gefunden hat. Er wird ihn sicher zurückführen zur Gemeinschaft der Herde, zur Geborgenheit im Stall.

Bei Jesus lernen wir noch eine weitere Dimension des Hirt-Seins kennen. Jesus sagt: „Der gute Hirt gibt sein Leben hin für die Schafe." - Ein guter, menschlicher Hirt wird sein Leben vielleicht riskieren für seine Schafe, er wird eine Verletzung in Kauf nehmen wie Maurus, aber wird er freiwillig sein Leben hingeben?

Indem Jesus sagt, dass der gute Hirt sein Leben hingibt, durchbricht er das Bild vom Hirten und weist hin auf das Geheimnis seines eigenen Lebens und Sterbens. Er selbst, der Sohn Gottes, gibt sein Leben hin für die, die ihm anvertraut worden sind. Denn nur so kann er sie vor dem Bösen schützen und vor dem ewigen Tod retten.

Bei Jesus können wir mehr sehen als die Liebe eines Hirten. An Jesus können wir die Liebe Gottes ablesen.

Dass das Verhältnis von Gott zu uns Menschen mehr ist als das Verhältnis eines Hirten zu seinen Tieren, zeigt auch das andere Wort, das Christus spricht: „Ich bin der gute Hirt und kenne die Meinen und die Meinen kennen mich, wie der Vater mich kennt und ich den Vater kenne." (Johannes 10, 14 - 15)

Tiere haben zwar auch eine Beziehung zu den Menschen, welche sie pflegen. Eine Frau erzählte mir, wie sie als Mädchen und junge Frau sich um die Kühe kümmerte. Die Tiere waren damals immer friedlich. Sie kannte ihre Kühe und die Kühe kannten sie. Als sie aber heiratete und vom elterlichen Hof wegzog, übernahm ein fremder Mann ihre Arbeit.

Dieser fluchte im Stall. Er schlug die Tiere und stach sie mit der Gabel, wenn sie nicht gehorchten. Seither waren die Kühe immer unruhig und bockig! - Die Tiere kennen die Personen, die sich um sie kümmern, besonders wenn man mit dem Herzen dabei ist.

Jesus lehrt uns Gott kennen als einen guten Hirten, der uns beim Namen kennt und sich von Herzen um uns kümmert. So müssen wir nicht mehr bockig sein.

Aber nicht nur das. Durch Jesus dürfen wir eintreten in ein Verhältnis zu Gott, das mehr ist als die Beziehung eines Schafs zu seinem Hirten. Durch Jesus werden wir zu Kindern Gottes. Wir haben zu Gott ein Verhältnis, wie ein Kind zu seiner Mutter, zu seinem Vater. Jesus sagt sogar: Das vertraute und vertrauensvolle Verhältnis zu Gott ist vergleichbar mit dem Verhältnis eines Vaters zu seinem erwachsenen Sohn, den er als seinen Nachfolger aufbaut.

Das bedeutet: Wenn wir von Herzen an den guten Hirten glauben, so werden wir selbst zu klugen, engagierten und verantwortungsvollen Hirten.

Darum müssen wir auch nicht befürchten, dass wir zu naiven Schafen werden, wenn wir an Gott glauben. Nein! Wenn wir uns Christus zuwenden, uns täglich Zeit nehmen für ihn, so werden wir derart vertraut mit seinen Worten, dass seine Worte zu unseren Worten werden. Sein Handeln wird so selbstverständlich für uns, dass es zu unserem Handeln wird. Seine Liebe wird zu unserer Liebe. Denn das Vorbild, auf das wir uns einlassen, wird zum inneren Bild, das uns leitet.

Was werden wir als gute Hirten tun? Ich möchte es mit den Bildern des Propheten Ezechiel sagen: Wir sollen das Verlorene suchen und das Verirrte auf den rechten Weg zurückbringen; wir sollen das Verwundete verbinden, das Schwache stärken und die, die begehrt werden, behüten.

„Verwundete verbinden". Wer dächte da nicht an die vielen Opfer von Gewalt? – Als ich für das Rote Kreuz arbeitete, konnte ich diesem Wort nachleben, auch wenn ich nicht Arzt war. Ich konnte Gefangene besuchen, Hilfe bringen, mit Offizieren über Humanität mitten im Krieg sprechen. Ich konnte Anteil nehmen am Leiden so vieler Opfer von Gewalt.

Und hier bei uns? Um Verwundete verbinden zu können, kann man einen Heilberuf wählen. Man kann als Freiwilliger gute Dienste leisten. - Bei den Verletzten muss ich immer auch an die inneren, psychischen Verletzungen denken, die es leider auch gibt. Wie wichtig ist es, dass wir für diese Verletzten da sind, dass wir für sie beten und ihnen Segen wünschen!

Ein zweites Stichwort ist „das Schwache stärken". Ein grosses Stichwort. Altersschwache, sozial Schwache, Hilfsbedürftige aller Art. Wenn wir wachen Herzens unseren Mitmenschen begegnen, so sehen wir so viele Möglichkeiten, mitzuhelfen, zu stärken, aufzubauen.

Wir tragen jedoch nur eine Mitverantwortung. Jeder sollte zunächst selbst für sich die Verantwortung übernehmen, sonst gerät er leicht in eine Abhängigkeit, die sich schädlich auswirken kann. Und auch der Helfer kann überfordert werden, wenn der Leidende nicht ein Minimum an Eigenverantwortung übernimmt!

Eine Herausforderung stellt das nächste Stichwort dar: „die Verirrten zurückbringen". Wir leben in einer Zeit, wo jeder seinen eigenen Weg geht. Alles, oder fast alles, ist gesellschaftlich erlaubt, wenn man nur sagen kann: „Es stimmt für mich." – In der Religion darf sich jeder als Sonderfall betrachten. In Sachen Beziehung kann man frei wählen, welche Variante man möchte. In Beruf und Vergnügen scheint jeder den Weg gehen zu können, der ihm beliebt. - Kann man da noch von einem rechten Pfad sprechen und ihn von einem schlechten unterscheiden?

Liebe Gemeinde, ich bin überzeugt, dass nicht alle Wege gut sind für einen Menschen. Im Gegenteil meine ich, dass die Ideologie der Beliebigkeit im Dienst gewisser Interessen steht. Die Ideologie der Beliebigkeit gibt den Menschen nur vorläufig Freiheit. Dann macht sie die Menschen manipulierbar.

Unter dem Vorwand, dass jeder frei wählen könne, werden Menschen zum Markt gemacht. Zu einer Masse, in der man Bedürfnisse weckt, um diese mit Gewinn stillen zu können. Zu einer Masse, die man von den frischen Quellen wegführt, um ihnen die eigenen Produkte andrehen zu können! – Diesem Zweck dient die Ideologie der Beliebigkeit!

Das ist jedoch meine persönliche Überzeugung; ich will sie nicht von der Kanzel als Wahrheit verkünden. Sie soll vielmehr diskutiert werden.

Wie dem auch sei: In einer Zeit, wo die Regeln im Fluss sind, ist es unfruchtbar, Prinzipien zu behaupten. Umso mehr braucht es das Andere: Umso mehr braucht es Menschen, die aus ihrer Mitte heraus leben. Diese finden für sich, unbeirrbar, einen guten Weg. Und sie werden denen, die Orientierung suchen, eine Hilfe sein, indem sie ein glaubwürdiges Beispiel für ein authentisches Leben bieten.

„Das Verirrte zurückbringen“ heisst daher in erster Linie zu versuchen, aus seiner Mitte heraus einen glaubwürdigen Weg zu gehen. Ich verstehe die Mitte als die Gottesbeziehung, aus der heraus wir einen glaubwürdigen Weg gehen können.

Wer auf diesem Weg im Leben Halt gefunden hat, kann auch das Verlorene suchen: Menschen, die wie die Zottel, Zick und Zwerg in einer Felswand in Lebensgefahr schweben. Diese können sich nicht mehr selbst retten. Sie werden den Heimweg nicht mehr alleine finden. - Diese muss man aufsuchen. Zu diesen muss man hingehen, an ihre Türe klopfen, um ihnen zu zeigen: Du bist nicht allein. – Um sie zu fragen: Wie geht es dir? - Um ihnen zu sagen: Du kannst dich auf mich verlassen, wenn du mich brauchst.

Liebe Gemeinde, dies erachte ich als unsere Verantwortung, denn wir sollen gute Hirten, gute Hirtinnen sein. Verwundete verbinden, Schwache stärken, Verirrte zurückbringen, Verlorene suchen.

Unsere Verantwortung und unseren Dienst dürfen wir jedoch in einem grösseren Zusammenhang sehen: Der gute Hirte, das ist ja Gott selbst. Er hat versprochen, dass er sich um die Seinen sorgen will, doch um dies zu tun, braucht er uns!

Christus ist als geistlicher Leib auferstanden: Wo sind seine Hände, um zu helfen? Wo sind seine Füsse, um zu suchen, um zu begleiten? Wo sind seine Arme, um das Schwache aufzuheben? Wo ist sein Mund, um

Trost zu spenden? Wo sind seine Augen, um liebevoll auf die Armen zu schauen?

Du und ich, wir alle sind die Glieder und Werkzeuge seines geistlichen Leibes. Werden wir also wie Hirten, einer für den andern! So wird das Wunder geschehen: Jesus Christus wird heute in unseren Händen auferstehen. Er wird auferstehen in unseren Füssen. Er wird auferstehen in unseren Armen. Er wird auferstehen in unseren Augen. Er wird auferstehen in unseren Herzen.

Amen.

8. Mai 2011

Intervenieren oder tolerieren?

Deuteronomium (5. Mose) 7, 6 - 8

Der Predigttext steht im Alten Testament. – Ich lese ihn so, wie er da steht. In der Auslegung werde ich ihn jedoch von Jesus Christus her beleuchten müssen.

> „Denn du bist ein dem Herrn, deinem Gott, geweihtes Volk; dich hat der Herr, dein Gott, aus allen Völkern, die auf Erden sind, für sich erwählt, dass du sein eigen seiest. Nicht weil ihr zahlreicher wäret als alle Völker, hat der Herr sein Herz euch zugewandt und euch erwählt – denn ihr seid das kleinste unter allen Völkern -, sondern weil der Herr euch liebte und weil er den Eid hielt, den er euren Vätern geschworen, darum hat euch der Herr mit starker Hand herausgeführt und hat dich aus dem Sklavenhause befreit, aus der Hand des Pharao, des Königs von Aegypten.“ (Dtn 7, 6 - 8)

Liebe Gemeinde, eine Studentin, die Primarlehrerin werden möchte, fragte ich: „Hast du bald Prüfungen?“ „Ja, nächste Woche sind die letzten“, sagte sie. „Weißt du schon, wie es dann weitergeht?“ „Ja, ich habe grosses Glück!“, sagte sie mit dankbarem Ton, „ich habe eine schöne Stelle bekommen, ganz in der Nähe!“

Bedenkt man, wie viele Studienabgänger sich vergeblich um eine Stelle bewerben, so weiss man, wie froh und dankbar die junge Frau sein muss! Sie ist unter vielen Bewerberinnen und Bewerbern ausgewählt worden!

Ähnlich ist es bei der Erwählung durch Gott; aber doch noch anders. Bei den Lehrern und Lehrerinnen werden, so hoffe ich, die besten ausgewählt. Man schaut auf die Zeugnisse und darauf, ob die Bewerber einen guten Eindruck machen.

Bei der Erwählung durch Gott aber spielt die eigene Leistung keine Rolle. Gott erwählt, weil er es will. Gott erwählt nur aus Liebe!

Das darf jeder und jede Getaufte hören: Nicht weil du etwas Besonderes bist, will Gott dir zu einem besseren Leben verhelfen, sondern weil er Erbarmen mit dir hat.

Nun dürfen Sie, wenn sie wollen, die Ohren zustopfen. Das Wichtigste ist gesagt. Das andere ist sehr schwierig. - Der Text, den ich gelesen habe, ist für sich genommen sehr schön. Schwierig aber wird er, wenn wir ihn in seinem Zusammenhang lesen. Ich lese 5. Mose 7, 1 - 5, also die Verse, die gleich vor dem Predigttext stehen:

> „*Befehl zur Ausrottung der Bewohner Kanaans und ihrer Götzen*
> Wenn der Herr, dein Gott, dich in das Land bringt, dahin du nun ziehst, es zu besetzen, und viele Völker vor dir her vertreibt, die Hethiter, Girgasiter, Amoriter, Kanaaniter, Pheresiter, Hewiter und Jebusiter, sieben Völker, die grösser und stärker sind als du, und sie der Herr dein Gott, in deine Hand gibt und du sie schlägst, so sollst du an ihnen den Bann vollstrecken: - *das heisst, es sollen alle Männer und Frauen, jung und alt, getötet werden* - du sollst keinen

Vertrag mit ihnen schliessen – *das heisst: keinen Friedensvertrag* - und sie nicht verschonen; und du sollst dich mit ihnen nicht verschwägern, nicht deine Töchter ihren Söhnen geben, noch ihre Töchter für deine Söhne nehmen. Denn sie werden deine Söhne dem Herrn abwendig machen, dass sie andern Göttern dienen. Dann wird der Zorn des Herrn wider euch entbrennen, und er wird dich bald vertilgen. Vielmehr so sollt ihr mit ihnen verfahren: ihre Altäre sollt ihr niederreissen, ihre Malsteine zerschlagen, ihre Ascheren umhauen und ihre Götzenbilder verbrennen."

Es ist eine Aufforderung zu Massakern und eine Anweisung zu Rassismus. Das ist schlimm!

Ich muss es deutlich sagen: Dies ist nicht im wörtlichen Sinn Wort Gottes! Jesus Christus hat Gewaltlosigkeit gelehrt. Und wir müssen alles, was in der Bibel steht, an Jesus Christus prüfen. Nur das, was der Lehre und dem Leben von Jesus Christus entspricht, das glauben wir. Das andere nicht. So ist die Aufforderung, an den Feinden den Bann zu vollstrecken, durch Jesus überholt.

Zudem hat Jesus betont: Es geht bei Gott nicht um Liebe in dem Sinne, dass Gott jemanden auswählt, um ihn für sich zu haben. Es geht bei Gott um das Erbarmen. Darin steckt das Wort: die Armen. Erbarmen heisst, dass man ein Herz für die *Armen* hat. Es geht also nicht darum, dass Gott jemanden erwählt, um ihn zu bevorzugen. Sondern darum geht es: Gott, der Vater Jesu Christi, will die Armen und Notleidenden aus Ihrem Elend herausreissen.

Nun aber können wir diesen alttestamentlichen Bibeltext nicht einfach umgehen. Warum steht er da?

Kehren wir noch einmal zurück in das alttestamentliche Erwählungsdenken. Wenn Gott die Israeliten aus der Gewalt des Pharao befreien will, so geht das nicht ohne Verlierer. – Das ginge ja noch. Die Ägypter könnten ja die Israeliten freiwillig ziehen lassen. - Aber wenn Gott die Israeliten in ein Land führen will, wo schon Menschen wohnen, so muss er diese vertreiben... Das geht nicht ohne Gewalt! Die Ablehnung der einen ist die Kehrseite der Erwählung der anderen.

Ähnliches gibt es in kleinerem Masse auch in unserem Alltag. Wenn eine Schulpflege eine Lehrerstelle besetzen muss, so kann sie nur *jemanden* auswählen und muss allen anderen Bewerbern absagen. - Das ist hart. Und für den, der dann zehn, zwanzig, dreissig Absagen erhält, ist es auch schlimm.

Kann das nun der Sinn von Gottes Liebe sein, dass er die einen erwählt und die anderen verwirft? Führt dieses Gottesbild nicht zwangsläufig zu Rassismus und Gewalt?

Wenn man sich dies klar macht, so kann man verstehen, dass sich heute viele Menschen von diesem Verständnis von Liebe, von diesem Glauben an Gott abwenden.

Gibt es denn eine Alternative? Ja, es gibt die Toleranz, wie wir sie in den östlichen Religionen finden. - Lasst uns auch diese Lehre kritisch prüfen. Dazu eine Geschichte aus dem Buddhismus:

„Die Mönche und der Fischadler“ (leicht gekürzt)

„... Drei Mönche... stiegen nach nächtlicher tiefer Besinnung allmorgendlich in den Fluss, um sich zu waschen. Da sie schon über einige magische Fähigkeiten verfügten, so hängten Sie ihr Gewand, wenn sie sich entkleidet hatten, frei in die Luft, wo es von selbst hängen blieb, bis sie es nach dem Bad wieder an sich nahmen.
Eines Tages waren sie wieder beim Baden. Da stiess vor ihnen ein Fischadler ins Wasser, tauchte kurz, schnappte einen grösseren Fisch und erhob sich mit diesem wieder in die Lüfte.
Der erste Mönch rief erregt: „Der böse Adler!“ Da fiel sein Gewand aus der Luft herab und deckte in zu.
Der zweite Mönch sagte mitleidig: „Der arme Fisch!“ Aber auch sein Gewand fiel herab. Denn er hatte Mitleid nur mit dem Fisch, schloss aber den Adler aus.
Der dritte Mönch aber sagte: „So ist das Leben in den Welten: Die Stärkeren überwältigen die Schwächeren, und die Schwächeren von heute sind morgen die Stärkeren. ... Möchten doch die Wesen zu rechter Anschauung kommen und dadurch zur Freiheit!“ Das Gewand dieses Mönches blieb in der Luft hängen, bis er es an sich nahm, um sich anzukleiden. Denn er umfasste mit Liebe und Erbarmen sowohl den Schwachen, Misshandelten, im Augenblick unterlegen Erscheinenden wie auch den Starken, als Sieger Erscheinenden, weil er weiss, dass auch der Fischadler ... nicht immer der Stärkere bleibt.“[11]

Wer das Leben so sieht, der muss keine Gewalt anwenden. Wenn Krieg ist, kann er neutral bleiben. Wenn irgendwo Streit herrscht, so muss er

---

[11] Vorlesebuch Fremde Religionen, Bd. 2, Seite 105, Hrsg. Tworuschka 1988

nicht urteilen. Er kann mit allen Mitgefühl empfinden, ohne sich für sie einzusetzen.

Ich verstehe, dass diese Haltung viele Menschen bei uns anspricht. Aber hat nicht auch diese Art von Toleranz ihren Schatten?

Einige von Ihnen haben bestimmt das Editorial (auf der Lokalseite des Kirchenboten) meines Kollegen gelesen. Er schrieb im Blick auf die Situation in Veltheim: „Warum liessen Menschen zu, dass am Dorffest vor ihren Augen ein Jugendlicher verprügelt wurde? Warum liess man diejenigen gewähren, die bei der Kirche und beim Pfarrhaus im Suff leere Flaschen und Blumentöpfe auf dem Kopfsteinpflaster zerschmetterten? Ist es Gleichgültigkeit oder fehlender Mut, dass nur wenige Menschen einzugreifen versuchen, wenn Unzulässiges vor ihren Augen geschieht?"

Was würde Buddha dazu sagen? - Ich weiss es nicht. Aber es gibt bei uns im Westen einen oberflächlichen Buddhismus, der die Toleranz so versteht: Wenn etwas Schlimmes passiert, so soll man gelassen bleiben und nicht eingreifen. Alles Vordergründige ist ohnehin nur eine Täuschung. Der, der heute der Stärkere ist, wird morgen oder im nächsten Leben ja der Schwächere sein.

Um in diesem Denken ruhig bleiben zu können, zieht man sich in der Meditation aus dieser Welt zurück und schöpft in der geistigen Welt neue Kraft.

Dies ist jedoch nur ein oberflächlicher Buddhismus. Ich denke, dass es bei Buddha weiter darum geht, alle Wesen mit innerer Liebe zu durchglühen. Dadurch verwandelt sich schon etwas in der Welt.

Was ist nun besser, wenn man sieht, wie eine Gruppe von Jugendlichen einen Schwächeren prügeln: Mitgefühl mit Opfer und Tätern haben – und nichts tun? – Oder aber: Dem Opfer zu Hilfe eilen und die Täter strafen?

Welchen Weg ist Jesus gegangen?

Jesus war nie gleichgültig. Das Leiden der Menschen hat ihn zutiefst berührt. Wo immer er konnte, hat er den Opfern, hat er den Armen und Notleidenden geholfen.

Auf der anderen Seite hat Jesus keine Gewalt angewendet. Er hat auch die bösen Menschen von Herzen geliebt.

Es ist schwer vorzustellen, aber ich glaube: Jesus hätte dem Opfer geholfen und den Tätern vergeben. Seine Liebe galt sowohl den Opfern als auch den Tätern, ohne die beiden gleich zu machen. Aus Liebe zum Opfer hätte er ihm geholfen, aus Liebe zu den Tätern hätte er ihnen vergeben.

Wer das in unserer Zeit sehr gut verstanden hat, war bekanntlich Martin Luther King. King war nicht tolerant gegen Ungerechtigkeit. In keiner Weise. Er hat mit aller Kraft und aller Klugheit protestiert gegen den Rassismus. Er wollte den Opfern helfen, damit sie ein besseres Leben bekommen. Damit hat er viele Leute sehr geärgert! Sein Protest hat zu Gewalt auf der anderen Seite geführt. Martin Luther King selbst aber hat keine Gewalt angewendet, sondern seine Feinde geliebt und für sie gebetet.

Diese Haltung der gewaltlosen Feindesliebe ist ein eigenständiger Weg. Sie nimmt die alttestamentliche Erwählung aus Liebe auf und führt sie weiter, hin zum Willen, *allen* Armen und Notleidenden zu helfen. Und sie nimmt die buddhistische Güte zu allen Wesen auf und führt sie weiter, über die Toleranz hinaus hin zur Gerechtigkeit *im Hier und Jetzt*.

Hat diese Haltung Jesu auch einen Schatten? - Wohl den, dass man diese Haltung nur dann leben kann, wenn man bereit ist, in letzter Konsequenz auch sein eigenes Leben hinzugeben. Jesus selbst hat das Beispiel gegeben. Martin Luther King und viele andere sind seinem Beispiel gefolgt.

So kommen wir wieder zurück zur christlichen Taufe. Wenn wir kleine Kinder taufen, so betonen wir zu Recht nur die eine Seite: Du bist geliebt von Gott. Er hat dich erwählt. Er rettet dich! Dies steht ganz in der alttestamentlichen Tradition.

Wenn wir aber als Erwachsene, als reife Persönlichkeiten, unser Leben aus der Taufe heraus gestalten wollen, so müssen wir auch das andere annehmen. Die Bereitschaft, unser Leben hinzugeben. Nur so können wir denen, die Unrecht leiden, helfen und zugleich vermeiden, dass dafür andere zu Opfern werden.

Das ist der Sinn des schwierigen Wortes: Wir sind auf Christi Tod getauft. Wenn wir die Taufe ernst nehmen, so werden wir darin nicht nur die Verheissung von göttlichem, ewigem Leben sehen. Wir werden auch das andere annehmen: Bereit sein, mit Christus zu leiden.

Ich weiss: Das ist eine sehr anspruchsvolle Haltung. Aber man kann sie auch ein bisschen leben. Man kann zum Beispiel, wenn man jugendliche Schläger sieht, auf sie zugehen, ihnen in die Augen schauen und zu ihnen sagen: Warum macht ihr das? – Manchmal bewirkt das gerade bei Halbstarken eine erstaunliche Veränderung.

Dann gibt es auch das grosse Feld christlicher Nächstenliebe, die niemandem schadet: Wenn sie zum Beispiel einen Nachbarn haben, der durch Krankheit oder Alter einsam geworden ist, so können sie ihm vielleicht einen Besuch machen, ihm einen Dienst erweisen. So reissen sie diesen Menschen aus seiner Einsamkeit heraus, ohne dass jemand anderes etwas verliert.

So können wir das leben, was Jesus am Herzen lag: das Erbarmen mit den Notleidenden. Nicht nur mit ihnen mitfühlen, sondern sie wirklich aus ihrer Not befreien.

Amen

3. Juli 2005

Planet Erde - Oase im All

Römer 8, 19 - 25; RG 841
Schöpfungszeit

Es sind besondere Momente, wenn wir etwas davon spüren, dass alles eins ist. Das, was aus diesem Samen des Tannzapfens eine grosse Tanne werden lässt, und das, was uns Menschen schuf, ist eins. Es ist das Geheimnis und Wunder der Schöpfung.

Man kann es nicht erfassen, sondern nur Staunen. – Ich hoffe, Sie durften in den vergangenen Minuten, bcim Betasten der verschiedenen Samen und Früchte, etwas von der Einheit der Schöpfung spüren, oder konnten sich an einen Moment erinnern, wo sie dies in der Natur erfahren durften.

Das Lied: „Gott gab uns Atem, damit wir leben", das wir eben gesungen haben, schenkt uns Worte, um dieses Staunen vor Gott zu bedenken.

> „Gott gab uns Atem, damit wir leben.
> Er gab uns Augen, dass wir uns sehn.
> Gott hat uns diese Erde gegeben,
> dass wir auf ihr die Zeit bestehn." (RG 841, 1)

Die Erde ist unser Lebensraum. Sie ist wie eine Oase im unbewohnten Weltall!

Bertrand Piccard schrieb nach seiner Ballonfahrt um die Erde: „Und wenn unsere Sonne am Horizont aufging, dann enthüllte sich vor uns plötzlich das Leben in all seinem Zauber und dem ganzen Wunder seiner Einzigartigkeit. In diesem Moment konnten wir überhaupt nicht verstehen, wie es möglich ist, dass die Menschheit auf diesem anscheinend einzigen bewohnten Planeten der Milchstrasse lebt und doch nicht fähig ist, das Wunderbare dieser Tatsache zu begreifen und mit unserer Erde ein inniges und respektvolles Verhältnis aufrechtzuerhalten.“ [12]

Das Lied nimmt indirekt die Gefährdung der Erde in den Blick: „Gott will nicht diese Erde zerstören.“ – Es erinnert an das Versprechen, das Gott Noah nach der grossen Sintflut gab.

Das Lied ist ganz und gar positiv gestimmt: „Gott schuf die Erde. Er schuf sie schön.“ Ja, das wollen wir uns immer neu sagen lassen, dass die Erde, und wir darin, gut und schön geschaffen sind. Denn nur, wenn wir diese grundsätzlich positive Sicht auf die Schöpfung haben, werden wir Mittel und Wege finden, diese Oase auch zu erhalten. Und nur wenn wir das tiefe Vertrauen haben in das Schöpfungswerk, so behalten wir auch das Vertrauen in das Leben.

Dann schliesst der dritte Vers an:

> „Gott gab uns Hände, damit wir handeln.
> Er gab uns Füsse, dass wir fest stehn.“

[12] Zitiert nach SchöpfungsZeit08, oeku Kirche und Umwelt, Beilage zur „Reformierten Presse“ 18/2008, S. 11

Es war ein wichtiger Schritt in der Evolution des Menschen, als der Mensch sich aufrichtete auf die Hinterpfoten und damit die Hände frei bekam für das Handwerk, zum Handeln.

Was ist der Sinn dieses Aufrichtens? Was ist der Sinn dieser herrlichen Freiheit zum Handeln? Das Lied sagt es:

> „Gott will mit uns die Erde verwandeln.
> Wir können neu ins Leben gehn."

Liebe Gemeinde, was aber tut der Mensch wirklich? - Objekt Erde. Roland Peter hat es sehr deutlich geschrieben in seinem Artikel, der auf der Lokalseite unseres Kirchenboten (Nr. 08/18) erschienen ist. Der Mensch benützt zu sehr die Erde wie ein Objekt. Er nützt sie aus. Und es besteht die Gefahr, dass die Menschheit die Erde überfordert.

Was sind die Folgen? – Ja, manchmal fragen wir uns mit Unbehagen, ob die Erde für unsere Urenkel noch ein Lebensraum sei!

Was für eine Hoffnung können wir dem entgegensetzen? – Im Neuen Testament finden wir einen Abschnitt, der Perspektiven eröffnet:

> *„Das Seufzen der Schöpfung*
> Denn in sehnsüchtigem Verlangen wartet die Schöpfung auf das Offenbarwerden der Söhne und Töchter Gottes.
> Wurde die Schöpfung doch der Nichtigkeit unterworfen, nicht weil sie es wollte, sondern weil er, der sie unterworfen hat, es wollte - nicht ohne die Hoffnung aber, dass auch die Schöpfung von der

Knechtschaft der Vergänglichkeit befreit werde zur herrlichen Freiheit der Kinder Gottes.
Denn wir wissen, dass die ganze Schöpfung seufzt und in Wehen liegt, bis zum heutigen Tag. Doch nicht nur dies; nein, auch wir selbst, die wir den Geist als Erstlingsgabe empfangen haben, auch wir seufzen miteinander und warten auf unsere Anerkennung als Söhne und Töchter, auf die Erlösung unseres Leibes.
Im Zeichen der Hoffnung wurden wir gerettet. Eine Hoffnung aber, die man sieht, ist keine Hoffnung. Wer hofft schon auf das, was er sieht? Hoffen wir aber auf das, was wir nicht sehen, dann harren wir aus in Geduld." (Römerbrief 8, 19 – 25)

Der Herr segne sein Wort an uns.

Paulus geht hier von einer Voraussetzung aus, die wir nur mit Mühe annehmen können und nicht ohne Schmerz: Die Schöpfung ist vergänglich. Sie ist der Knechtschaft der Vergänglichkeit unterworfen. Sie wird ein Ende haben. – Es gibt nicht immer einen neuen Frühling. – Das ist auch deshalb so schwer anzunehmen, weil es uns an unsere eigene Sterblichkeit erinnert.

Sind das Aussterben von Tierarten, die Umweltkatastrophen, das Knapper-Werden der Ölreserven vielleicht Hinweise auf das Ende der Schöpfung? – Ich weiss es nicht, aber ich sehe die Angst und die Panik, die solche düsteren Perspektiven unter uns Menschen auslösen. Können wir dagegen eine Hoffung setzen, die uns Mut macht?

„In sehnsüchtigem Verlangen wartet die Schöpfung auf das Offenbarwerden der Söhne und Töchter Gottes." Das Offenbarwerden der Söhne und Töchter Gottes? Ein recht schwieriger Ausdruck. Ich möchte in möglichst verständlichen Worten sagen, was ich darunter verstehe.

„Selig sind die Frieden stiften, denn sie werden Söhne und Töchter Gottes heissen", lautet eine Seligpreisung Jesu. Durch die Taufe wird bezeugt, dass wir Kinder Gottes sind. Nun geht es darum, dass erlebbar wird, dass wir geliebte Kinder Gottes sind. Es geht darum, dass die Gotteskindschaft eine Wirkung zeigt in unserem Leben und insbesondere für die Schöpfung.

Die Schöpfung wartet sehnsüchtig darauf. Sie wartet darauf, dass wir als erlöste Menschen Frieden stiften. Frieden im weiteren Sinn: Frieden unter den Menschen; Frieden mit sich selbst; Frieden mit Gott; und so auch Frieden stiften zwischen der Menschheit und der übrigen Schöpfung.

„Dass wir als geliebte Kinder Gottes offenbar werden." Damit das geschieht, müssen wir uns umgestalten lassen nach dem Bild, das Gott sich von uns gemacht hat.

Lassen Sie sich darauf ein! Es kann darum gehen, sich mit seinem konkreten Leben zu versöhnen. Es kann darum gehen, alte Wunden verheilen zu lassen. Es kann darum gehen, sich von Schuld befreien zu lassen. Es kann darum gehen, Vertrauen wieder aufzubauen, das erschüttert worden ist.

Durch eine solche Umgestaltung wird offenbar, dass wir Gottes geliebte Söhne und Töchter sind. Als freie Söhne und Töchter können wir dann auch die Verantwortung übernehmen, sozusagen im Auftrag des Vaters die Welt mit zu gestalten und sie zu erneuern. – Gott will mit uns die Erde verwandeln, heisst es im Lied.

Durch die innere Wandlung eröffnet sich uns noch ein weiterer Horizont. Paulus schreibt an anderer Stelle: „Ist jemand in Christus, so ist er ein neues Geschöpf." (2. Korinther 5, 17)

Mit Christus macht Gott einen neuen Anfang. Er beginnt eine neue Schöpfung, die die jetzige bei weitem übersteigt. Der Seher Johannes sagt es in der Offenbarung so: „Ich sah einen neuen Himmel und eine neue Erde, denn der erste Himmel und die erste Erde sind vergangen, und das Meer ist nicht mehr." (Offenbarung 21, 1)

Wir dürfen angesichts der Vergänglichkeit der Schöpfung auf das unvergängliche, ewige Leben hoffen. Gerhard Tersteegen betet so: „O Ewigkeit, so schöne, mein Herz an dich gewöhne; mein Heim ist nicht in dieser Zeit." (RG 573, 9) Ein Gebet, das Dietrich Bonhoeffer im Gefängnis täglich gebetet hat.

Indem wir mit Christus verbunden sind, bekommen wir Anteil an der neuen Schöpfung. Die Mystiker sagen es so: Durch die innere Wandlung werden wir Christus ähnlich und erhalten Anteil an seiner Auferstehung und dem ewigen Leben.

In dieser Welt, die vergeht, kann etwas entstehen, das ewig bleibt. Und die ganze Schöpfung wartet darauf, dass wir uns endlich verwandeln lassen. Gott will mit uns die Erde verwandeln hinein in die neue Schöpfung.

Dazu gibt er uns seinen heiligen Geist, dass diese Wandlung hier und jetzt geschieht. Lasst uns seinem Geist in unserem Leben Raum geben, damit wir die Wunder der Schöpfung lieben und Gottes Spuren darin erkennen. Lasst uns seinem Geist in unserem Leben Raum geben, damit wir im Gebrauch der Schöpfung Mass und Ziel einhalten. Lasst uns seinem Geist in unserem Leben Raum geben, damit wir die Hoffnung auch dann behalten, wenn wir die Lösung der Probleme noch nicht sehen können.

So lasst uns hoffen auf den, der auferstanden ist von den Toten und die Welt zur Vollendung führt: Jesus Christus.

So wird uns die Erde zur Oase, auf der wir eine Zeit lang leben, um dann wie Nomaden weiterzuziehen.

Amen.

28. September 2008

Ein Lob des Lobens

Matthäus 11, 25; RG 728; Psalm 98
Österliche Zeit

Kennen Sie den König von Narnia? Dieses wunderbare Jugendbuch wurde geschrieben von C.S. Lewis, einem englischen Schriftsteller.

Lewis wurde einmal gefragt, was er unter dem Loben verstehe. Er sagte: „Ich stelle mir das Loben als Kompliment, als Beifall oder Ehrbezeugung vor. Ich hatte nie bemerkt, dass jede Freude unmittelbar in Lob überfliesst, wenn nicht Schüchternheit oder die Scheu, anderen lästig zu fallen, absichtlich aufgeboten werden, um sie daran zu hindern."

„Die Welt hallt von Lobpreis: Liebende preisen die Dame ihres Herzens, Leser ihren Lieblingsdichter, Wanderer die Landschaft, Spieler ihr Lieblingsspiel. Wetter, Weine, Gerichte, Schauspieler, Motoren, Pferde, Schulen, Länder, Persönlichkeiten der Geschichte, Kinder, Blumen, Berge, seltene Briefmarken, seltene Käfer, manchmal sogar Politiker oder Gelehrte: Alles wird gepriesen."

Wer aber sind die Menschen, die loben können? „Es war mir entgangen, dass die demütigsten und gleichzeitig ausgewogensten und umfassendsten Geister am meisten loben, während es am wenigsten die Sonderlinge, Eigenbrötler und Unzufriedenen tun..."

„Der gesunde und ungezwungene Mensch, mag er auch im Luxus aufgewachsen und in den guten Küchen vieler Länder erfahren sein, kann eine sehr bescheidene Mahlzeit loben: Der Magenkranke und der Snob finden an allem etwas auszusetzen. Wo nicht unerträglich widrige Umstände stören, scheint das Lob nichts anderes zu sein als hörbare innere Gesundheit."

Warum loben denn innerlich gesunde Menschen gerne? „Ich glaube, wir loben darum so gern, was uns Freude macht, weil das Lob unsere Freude nicht nur zum Ausdruck bringt, sondern sie mehrt, sie zu ihrer gottgewollten Erfüllung bringt. Nicht aus Höflichkeit sagen Liebende einander immer wieder, wie schön sie seien; das Entzücken ist solange unvollständig, als es nicht ausgedrückt ist."

„Es ist zum Verzweifeln, wenn man einen neuen Schriftsteller entdeckt hat und niemandem sagen kann, wie gut er ist; wenn man bei einer Strassenkehre plötzlich auf ein Bergtal von unerwarteter Grossartigkeit stösst und nichts sagen darf, weil es die Reisegefährten so kalt lässt wie eine Konservenbüchse im Strassengraben."[13]

Liebe Gemeinde, wie würde unsere Welt aussehen, wenn wir mehr Mut und Schwung aufbrächten, ganz unkompliziert zu loben? Wenn wir da und dort ein anerkennendes Wort aussprechen würden? Wenn wir mit einem kleinen Geschenk unseren Dank zum Ausdruck brächten? Wenn unser Dankeschön an der Kasse beim Migros von Herzen käme? Wenn wir nach einer schönen Einladung ein Kärtchen schrieben?

---

[13] Das Gespräch mit Gott. Bemerkungen zu den Psalmen. Zitiert nach: Pirmin Hugger OSB, Meine Seele preise den Herrn, Münsterschwarzach 1979

Würde unsere Welt dadurch nicht gesünder? Würden wir die Umwelt nicht mehr schätzen? Wäre unser Zusammenleben nicht fröhlicher? Und wie viel schöner wären die Menschen, wenn sie mehr loben könnten!

Das Lob des Mitmenschen, das Lob der Natur, das Lob Gottes und seiner Wunder, wo entspringt es? – Aus dem gesunden Inneren, sagt der Dichter Lewis.

Ganz ähnlich sagt es die Bibel. In der Bibelstelle aus dem Neuen Testament lesen wir, wie Jesus selbst Gott lobt: „Ich preise dich, Vater, Herr des Himmels und der Erde, dass du dies vor Weisen und Verständigen verborgen und es Unmündigen geoffenbart hast." (Matthäus 11, 25)

Das erinnert an den Psalmvers: „Aus dem Munde der Unmündigen und Säuglinge hat du dir, Gott, Lob bereitet." (Vgl. Psalm 8,3) Das verstehe ich so: Das Gotteslob kommt aus dem Mund der Unmündigen, aus der ursprünglichsten Beziehung des Geschöpfes zu seinem Schöpfer. Aus den ungebrochenen und unverbrauchten Kinderherzen.

Das können wir nicht mit unseren Gedanken verstehen, sondern nur staunend wahrnehmen. Spüren, dass in uns das unverbrauchte Wesen des Säuglings noch lebt, das Gott loben will und kann. Dieses Wesen im allertiefsten Herzensgrund, es will und kann Gott, seinen Schöpfer loben.

Das Gotteslob ist darum vor allem anderen eine tiefe Selbsterfahrung. Die Erfahrung, dass in uns der Gottesgeist wohnt, der immerfort rufen und beten möchte: „Abba, Vater!"

Wir aber haben diese Quelle oft verstopft. Wir haben sie mit dem Verstand versiegelt. Sie mit unserem Kummer zugeschüttet. Wir meinen, die Quelle des Lobes sei versiegt. Wo diese Quelle aber wieder freigelegt wird, ist das „Beten nicht mehr schwer. Das Gebet ist uns ja seit langem geschenkt," schreibt André Louf, eine spiritueller Meister. Er ist ganz überwältigt von der Erfahrung, dass der Gottesgeist in uns betet.

Sich einüben in das Gotteslob bedeutet darum nicht mehr und nicht weniger, als dieses betende Kinderherz in uns wiederzufinden, aufzuwecken und pulsieren zu lassen.

Wenn das betende Herz gefunden und geweckt wird, so wird es sich von selbst äussern. Die Quelle wird sprudeln und immer gleichmässiger unser ganzes Leben ständig bewässern und fruchtbar werden lassen.

Das passt nicht nur, wenn wir etwas Glückliches erlebt haben, sondern es bewährt sich auch dann, wenn wir die Härte, die Not und auch die Ungerechtigkeit der Welt erleiden.

Beim Nachdenken über das Loben kam mir die Geschichte von Paulus und Silas in den Sinn (Apostelgeschichte 16, 14ff). Die beiden Apostel wurden geschlagen, ausgelacht und ins tiefste Verlies des Gefängnisses geworfen. Da, um Mitternacht, fingen sie an, Gott zu loben und ihm Lieder zu singen!

Diese Geschichte kann ich nur so verstehen, dass der Gottesgeist, der in den beiden wohnte, auch im Gefängnis Gott loben wollte. Die Gedanken und Gefühle der beiden Gefangenen waren wohl kaum auf Lob gestimmt gewesen... Das Lob brach aus der Tiefe hervor.

Dann geschah ein Wunder: Ein Erbeben erschütterte das ganze Gefängnis, sodass die Türen aufsprangen und die Häftlinge entfliehen konnten. Das grössere Wunder folgte darauf: Paulus rief alle Häftlinge zurück. „Bleibt hier, sonst wird der Gefängnisdirektor zum Tode verurteilt werden!", ermahnte er sie. Wenn nämlich ein Häftling entfliehen konnte, so wurde damals der Gefängnisdirektor mit dem Tode bestraft. Das grössere Wunder, sagte ich, denn Paulus stellt das Leben des Gefängnisdirektors über seine eigene Freiheit. Das Wunder der selbstlosen Nächstenliebe.

Hier war das Lob nicht Antwort auf Gottes lobenswertes Tun. Hier lobte Paulus Gott, bevor Gott etwas getan hatte. Indem er aber Gott von Herzen lobte, wurde er darauf vorbereitet, in allen Dingen Gottes Wirken wahrzunehmen.

Hätte Paulus Gott nicht gelobt, so hätte er im Erdbeben wahrscheinlich nur einen Zufall gesehen. Er hätte gedacht: „Nun habe ich aber Glück gehabt!" – Und der Gefängnisdirektor hätte Pech gehabt!

Liebe Gemeinde, das Loben ist die Voraussetzung dafür, dass wir Gottes Wirken und seine Wunder wahrnehmen. Und das Lob Gottes hilft, innerlich gesund und nach aussen fröhlich zu werden.

Darum lohnt es sich, das Lob Gottes wieder zu versuchen. Trotz allem. Trotz unserer Enttäuschungen. Wie aber kann man das lernen?

Ich kenne einen Mann, der ziemlich bekümmert war. Da dachte er daran, dass man Gott immer loben sollte, aber sein Herz war verschlossen.

Da ging er hinaus, machte einen Spaziergang, kam in den Wald, setzte sich auf einen Baumstumpf und wollte über das Loben nachdenken. Da hörte er die Vögel singen. Da, dort pfiffen die Vögel ihre verschiedenen, ganz eigenen Melodien. Und wie er so lauschte, ging auch sein Herz wieder auf und er konnte wieder mit einstimmen in das Lob der Schöpfung.

Ähnlich ist es im Lied, das wir eben gesungen haben: „O dass ich tausend Zungen hätte" (RG 728). Ein überschwängliches Gotteslob, scheint es. Doch wo beginnt eigentlich in diesem Lied das Lob? In der ersten Strophe? Nein. Hier bittet der Dichter um tausend Zungen, weil er mit seiner einzigen Zunge Gott gar nicht richtig loben kann.

Beginnt das Lob in der zweiten Strophe? Nein. Hier bittet er, dass er bis zur Sonne rufen könnte, was doch unmöglich ist. In der dritten Strophe bittet er die Blätter und Gräser und Blumen, Gott zu loben. Offenbar kann er es alleine viel zu wenig. Und in der vierten Strophe bittet er alles Leben, die ganze Schöpfung, ihm zu helfen, Gott zu loben. „Denn mein Vermögen ist zu matt, die grossen Wunder zu erhöh'n, die allenthalben um mich stehn."

Erst die fünfte, sechste und siebte Strophe sind das eigentliche Loblied auf den dreieinigen Gott.

Um loben zu können, muss man es schliesslich üben. Es ist hier nicht anders als bei aller Kunst. Ein Meister im Loben wird man durch das Üben.

Das Tischgebet ist eine solche Übung, wo wir Gott für das Essen danken können. Im Morgenlob, wie es in unserem Gesangbuch steht, findet sich der wunderschöne Satz: „Sättige uns am Morgen mit deiner Gnade, so wollen wir jubeln und uns freuen all unsere Tage." Den Tag mit einem Lob zu beginnen, macht offen für die Wunder, die uns entgegenkommen werden. Und das Abendgebet, wo wir für den vergangenen Tag danken, führt dazu, dass wir unser ganzes Leben mit neuen Augen sehen können.

Vor allem aber lasst uns einander loben, nicht gekünstelt, sondern von Herzen. – Auch das muss man üben! – Lasst uns einander Aufbauendes sagen. Lasst uns einander für alles Gute danken. So werden wir einander in einer neuen Art und Weise kennen und schätzen lernen. Wir werden einander mehr lieben und einander geduldiger ertragen.

Dann werden wir von der Quelle des Heils trinken, sodass unser Herz grünt und der Friede wächst und gedeiht wie die Blumen im Frühling.

Amen.

Psalmgebet zu Psalm 98: Singt dem Herrn

Im Psalmgebet lese ich jeweils einen Vers aus dem Psalm 98 und formuliere dann in eigenen Worten ein Gebet dazu.
Lasst uns stille werden und beten.

„Singt dem Herrn, denn er hat Wunder getan.“

Wunderbar handelst Du, Gott, auch in unserem Leben.
Achtsam wollen wir wahrnehmen, was Du tust.
Kleine Kinder hast Du ins Leben gerufen - und gerettet.
Am Morgen gibst Du uns Kraft zum Aufstehen.
Du gibst uns Mut und Freude für den Tag,
Du schenkst uns Mitgefühl und Geduld.
Für Deine Kraft und Deine Liebe
wollen wir Dir singen, starker Gott.

„Er gedachte seiner Gnade und seiner Treue zu seinem Volk.
Alle Enden der Erde haben das Heil unseres Gottes geschaut.“

Nie vergisst Du, dass Du uns Treue geschworen hast.
Immer neu reichst Du uns Deine Hand.
Manchmal wird es dunkel um uns.
Manchmal wird es finster in uns.
Lass uns dann Deine Treue erfahren.
Sende aufs neue Dein Licht.
Damit wir dich loben und dir danken.

„Jauchzt dem Herrn alle Lande,
seid fröhlich, jubelt und spielt."

Ja, wir wollen jubeln,
zusammen mit den Vögeln im Wald,
zusammen mit den Kindern auf dem Spielplatz.
Spielen nicht auch die Gräser, wenn der Wind sie bewegt?
Sind nicht auch die Blüten so fröhlich,
wenn der Sonnenstrahl sie berührt?
So wollen wir fröhlich sein,
und unsere Antwort jubeln, weil Du ja zu uns sagst.
Wir wollen spielen in Deinem Licht.

„Die Ströme sollen in die Hände klatschen
und die Berge jubeln im Chor,
denn Er kommt,
um Gerechtigkeit zu schaffen auf der Erde."

Ja, Du kommst.
Du bist gegenwärtig.
Lass auch uns ganz da sein.
Hier, in Deinem Haus, nahe bei Dir.

Amen.

6. Mai 2007

Printed by Books on Demand GmbH, Norderstedt / Germany